Björn Ulbrich, Holger Gerwin

Die Hohe Zeit

Rituale und Zeremonien für Hochzeit, Lebensbund und Familie

Arun

Arun-Verlag, Engerda 28, 07407 Uhlstädt-Kirchhasel.
Tel.: 036743/2330, Fax: 036743/23317.
Email: info@arun-verlag.de; Homepage: www.arun-verlag.de
Titelbild: Holger Gerwin.
Band 5 der Edition Björn Ulbrich.
Gestaltung: Frances Hoffmann, Björn Ulbrich.
Gesamtherstellung: Drogowiec, Kielce.

ISBN 978-3-935581-79-0

Inhalt

Die Liebe ist das einzige Gut,
das sich vermehrt,
wenn man es verschwendet.

Deutsches Sprichwort

Vorwort

Ein Ratgeber für die Hochzeit - weshalb? Nun, sicher hat jedermann den Wunsch, den „wichtigsten Tag in seinem Leben" – abgesehen von Geburt und Tod - einmalig und unvergeßlich zu gestalten, ein wenig Anregung kann also nicht schaden. Nicht aber im profanen Sinne: Wo bekomme ich das Brautkleid her, wann schreibe ich die Einladungskarten und wie gestalte ich die Sitzordnung? In diesem Buch kommen die etwas „anderen" Hochzeitsrituale zu Wort (und Bild), die nicht den gängigen Konventionen entsprechen. Statt bloßer sinn- und formentleerter Pflichterfüllung auf dem Standesamt und der obligatorischen „Heirat in Weiß" unter dem Segen einer Kirche mit „Exklusiv-Anspruch" auf Spiritualität gehen immer mehr Paare das Wagnis ein, neue (und damit oft alte) Wege zu beschreiten - mit z. T. völlig unterschiedlichem traditionellem Hintergrund. Und siehe da: Man muß nicht unbedingt auf eine ergreifende, prägende und bindende Zeremonie verzichten, wenn man Nicht-Christ, Heide, Gnostiker oder sonstiger „Freigeist" ist - im Gegenteil: Wer sich bewußt mit der Gestaltung seiner Hochzeit auseinandersetzt, wer ein persönliches und natürliches Ritual entwirft, der wird sich auf ganz andere Weise dem eigenen Anspruch verbunden fühlen, der erfährt eine ganz neue Qualität von Spiritualität. Jeder Lebensweg ist individuell, jeder hat seine eigene Sinnsuche. Beidem kann nicht gerecht werden, wer mechanisch die kollektiven Gebete anderer spricht. Wir haben verstanden, daß jeder Tag ein neuer Tag ist und das Leben nicht stehen bleibt nach dem Motto „So steht es geschrieben".

Wir zeigen deshalb praxisnah und dokumentarisch, wie heute naturreligiös geheiratet werden kann, und wir wollen dies als Beispiel und Anregung verstehen: auf Waldlichtungen, auf alten Kultplätzen, auf der Insel oder auch einfach im heimischen Garten und unterm Sternenzelt. Unser Anspruch dabei ist, eine möglichst große Bandbreite abzubilden, also von der Trachtenheirat bis zum Phantasiekostüm, von der Wandervogel-Tradition bis zur multikulturellen Regenbogenhochzeit auf Bali. Wir wollen dies tun als Beschreiber, nicht als Werter, ohne jede Zensur und ohne Anbiederung an die ein- oder andere Gruppe oder an einen hektischen Zeitgeist. Der Leser soll sich völlig frei genau das heraussuchen können, was ihn inspiriert oder vielleicht auch abschreckt, um seine ganz eigene Vorstellung von einer Naturhochzeit zu entwickeln – und vielleicht auch selber auszuprobieren? „Jeder ist seines Glückes Schmied" – das ist der einzige Imperativ dieses Buches: Mit dem Bekenntnis zu einer persönlichen Heirat mit individueller Zeremonie vermitteln die Liebenden ein Weltbild jenseits von uniformem Wortglauben und bagatellisiertem Ritual. Und sie vermitteln nachdrücklich den Anspruch auf freie Entscheidung und auf Heirat aus Liebe.

Ein kurzer Rückblick: Bis vor wenigen Jahrzehnten waren die allermeisten Ehen Zweckehen, Arbeitsgemeinschaften mit genau festgelegten Rollen. Liebe galt nicht unbedingt als offizielle Bedingung ehelichen Glücks. Ein altes deutsches Sprichwort lautet: „Wer aus Liebe heiratet, hat gute Nächte und böse Tage". Bedeutet das, daß früher in der Ehe nicht geliebt wurde? Daß Liebe und Ehe zwei völlig verschiedene Dinge waren? Heute müssen sehr viel weniger Ehen aus wirtschaftlichen Zwängen eingegangen werden. Vielmehr heiraten wir aus dem Bedürfnis, dem Partner nahe zu sein, uns mit ihm zu verwirklichen. Mit der Trauung lassen wir unsere Liebesbeziehung freiwillig staatlich legitimieren. Und doch wird inzwischen jede zweite Ehe – oft bereits nach kurzer Zeit - wieder geschieden. Die Gründe kennen wir alle: Werteverlust, „Spaßgesellschaft", schrankenlose Beliebigkeit. Egomanie als falsch verstandene Selbstverwirklichung anstelle von Gemein- bzw. Familiensinn. Kaum jemand nimmt den Kampf auf, sich durchzubeißen, sich zusammenzuraufen, kurzfristig ein wenig zurückzustecken zugunsten höherer Ideale. Es ist heute üblich, bei den ersten Schwierigkeiten einfach hinzuschmeißen, alles stehen und liegen zu lassen, einfach einen neuen Versuch zu starten. Sicher besteht der Ehe- und Familienalltag nicht nur aus fortgesetzten immerwährenden Flitterwochen - viele Hürden gilt es, gemeinsam zu überwinden. Die Erwartung, lebenslang zärtlich und leidenschaftlich verliebt wie am ersten Tag sein zu können, ist eine romantische Utopie. Und doch versuchen wir es immer wieder auf's Neue, Generation für Generation entdeckt für sich den Reiz der Ehe. Könnten wir uns das alles nicht viel einfacher machen? Die Antwort lautet „nein", denn es ist die Natur des Menschen, zu lieben und sich in Liebe ehelich zusammen zu tun, sonst wären wir nicht wie wir sind, das sind die „Spielregeln". Unser Streben und unser Glücksempfinden sind von der gleichen Evolution hervorgebracht wie unsere Handlungsspielräume und Einflußmöglichkeiten. Diesem System können wir uns nicht entziehen, weil es uns Form gegeben hat, weil es uns prägt. Subjektives Glück ist objektives Glück; das, was der menschlichen Natur dient, und nur das, macht uns zwangsläufig glücklich, auch wenn der Umkehrschluß nicht immer sofort offensichtlich wird. Manch einer braucht Jahrzehnte – abgelenkt von den Zerstreuungen einer rasanten und komplexen Lebenswirklichkeit - um zu erfahren, daß von Geld, Karriere, allerlei Vergnügungen und dem Weg des geringsten Widerstands nicht viel übrig bleibt in der Blüte des Lebens, um den aufkeimenden Selbstzweifel, die leise anschwellende Sehnsucht nach Kindern, die Angst, nichts zu hinterlassen, zu übertünchen. Spät, oft zu spät, wird erkannt, daß Liebe, echte, tiefe, wahre, beglückende Liebe, durch Kinder multipliziert zu ihrer höchsten Ausprägung, nicht kostenlos zu haben ist, sondern nur durch Leistung und Aufbau. Sie kann nicht empfangen und erlebt werden wie ein „Geschenk des Himmels", und sie fällt auch nicht von demselben, sondern man muß sie sich erarbeiten über lange Zeit und durch viele Höhen und Tiefen hindurch – hin zur „Hohen Zeit". Dies ist der Sinn, der Lohn, der Preis, die Motivation, ob bewußt oder unbewußt.

Oder um mit Goethe (in „Wahlverwandtschaften") zu sprechen:

„Wer mir den Ehestand angreift, wer mir durch Wort, ja durch Tat diesen Grund aller sittlichen Gesellschaft untergräbt, der hat es mit mir zu tun! ... Die Ehe ist der Anfang und der Gipfel aller Kultur. Sie macht den Rohen mild, und der Gebildete hat keine bessere Gelegenheit, seine Milde zu beweisen ... Sie bringt soviel Glück, daß alles einzelne Unglück dagegen gar nicht zu rechnen ist ... Der menschliche Zustand ist so hoch in Leiden und Freuden gesetzt, daß gar nicht berechnet werden kann, was ein Paar Gatten einander schuldig werden. Unbequem mag es manchmal sein, das glaub ich wohl, und das ist eben recht ..."

Das ist der Grund, warum wir „ja" sagen zueinander, „ja" zu Liebe und Ehe, wie die Natur sie verlangt, frei von kirchlichen Dogmen oder politischen Diktaten. Die Autoren wenden sich an alle, die sich ebenfalls zu dieser Liebe bekennen, die sich erfreuen können an den so ganz unterschiedlichen Zeremonie-Beispielen, die vielleicht just selbst ein paar Anregungen gebrauchen können, wie ihre eigene Liebesheirat in Szene gesetzt werden könnte. „Die Hohe Zeit" ist ein Kompendium vielfältiger Naturhochzeitsbräuche mit viel Hintergrundinformation (bis S. 43) und ein praxisnaher Leitfaden mit vielen Beispielen (ab S. 44) zur Ausgestaltung der eigenen Feierlichkeit. Wir wünschen Ihnen sowohl bei der Lektüre als auch bei der späteren Umsetzung viel Freude.

Die Hochzeit

Althochdeutsch „die hoha gizit", mittelhochdeutsch „hoch(ge)zit" verdrängen das ältere „bruthlauft" (Brautlauf), im Germanischen ursprünglich „Tanz des Bräutigams auf die Braut zu", eine uralte Sitte.

Jung war ich einst,
einsam zog ich,
da ward wirr mein Weg

Heirat

Im Deutschen Wörterbuch der Brüder Grimm wird „geheien" als „liegen" vermutet, basierend auf der indogermanischen Wurzel „kei". Auch die Nähe zu althochdeutsch „kehigan" (Koitieren) ist nicht ausgeschlossen. Der zweite Teil des Wortes, „rat", den wir auch von Hausrat, Vorrat usw. kennen, steht für den Gesamtbedarf an Nahrung, Kleidung und anderen lebensnotwendigen Dingen. Die wahrscheinlichste Bedeutung von „Heirat" ist daher in etwa „Hausbesorgung".

Die Ehe

Althochdeutsch „ewa", mittelhochdeutsch „e" bedeuten „Gesetz" bzw. „Recht". „E" ist auch die Wurzel des Wortes „ewig". Sowohl lautlich als auch inhaltlich erinnert „Ehe" an das lateinische „aevum" (Ewigkeit). Wegen des Rechtsgedankens wurde die Ehe öffentlich geschlossen im Beisein von Verwandten und Freunden.

Der Gemahl

Das Wort „Gemahl" galt einstmals für beide Geschlechter. „Mahal" hieß der Versammlungsort, also das germanische Pendant zum Forum bzw. später der christlichen Kurie. Verhandelt und versprochen wurde dort unter anderem auch die „Vermählung".

Bild: Prof. H. C. Berann

glücklich war ich,

als den begleiter ich fand

den menschen freut der mensch.

[das alte sittengedicht aus der edda, altisland]

Der Gatte

Mittelhochdeutsch „gegate", daraus wurde „gate" und „gatte". Die Vorsilbe „ge" bedeutet „Zusammengehöriges", „gaten" (sich gatten) heißt „zusammenkommen", „zusammenpassen", „sich vereinigen". Veraltet „gätlich" ist „passend", althochdeutsch „gigat" bedeutete „stimmend zu". Das englische Wort „gate" drückt diese Dualität genauso aus wie die deutsche Übersetzung „Tor", welches nämlich sowohl die Öffnung als auch deren Verschluß bezeichnet. Die Bedeutung „begatten" im geschlechtlichen Sinne ist erst später dazu gekommen.

Die Ehe ist das Senkblei in die Tiefe unserer Seele

Wenn wir über die Ehe sprechen wollen, dann müssen wir vorher klären, was wir unter Liebe verstehen, denn die Liebe ist die Grundlage zur Ehe. Liebe ist der Motor der Welt. Liebe versetzt Berge, heißt es, und Liebe hat Kriege entfacht. Liebe macht blind und erweicht das härteste Herz. Aus der Liebe heraus wachsen und blühen Kunst, Erkenntnis, Ethik und Anstand. Liebe ist der Quell des Lebens.

Die Mutterliebe ist das stärkste Band, welches das Leben zu bieten hat. Sie ist bedingungslos und uneigennützig. Ihr folgen die Blutsliebe der Verwandten zueinander und die Liebe zwischen Mann und Frau, oft auf dem Prüfstein und doch meist stärker als alles andere. Daneben steht die Liebe zur Mutter Erde, zur Natur bzw. zu ihren personifizierten Symbolen, dem Gott oder den Göttern – ein jeder spürt irgendwann die große Ehrfurcht und sucht sich seinen Weg, das alte Wissen auszudrücken. Die Liebe ist in uns, in vielen Formen. Wir sind so gemacht, daß wir sie reflektieren können – und müssen, denn Liebe ist Lohn und Verpflichtung zugleich.

Man kann es auch ganz nüchtern sehen: Wir sind so wie wir sind, allein das ist Beweis für die Richtigkeit des Seins, denn nur Bewährtes überlebt im freien Spiel der Kräfte. Aus Sicht der immerwährenden Gene (als zugegebenermaßen profanem Arbeitsbegriff für den „Bauplan", den Geist, der uns durchweht) sind wir Menschen bloße Durchgangsstadien, deren Form und – über die komplexe Variable „Umwelt"

– auch deren Handeln diese Gene (Kräfte? Pläne?) allein bestimmen in ewigem Wettstreit um die beste Ausgangsposition auf Erhaltung, Rekombination und Vermehrung. Information mischt, modifiziert und multipliziert sich selbst und schafft sich die Körperlichkeit nach ihrem Zweck, mitsamt den Gefühlen. Andere, religiös verklärte Sichtweisen schmeicheln uns zwar, haben aber erkennbar den Wunsch als Vater des Gedanken.

Wenn also die Tante ihre Nichte beschützt, dann tut sie das einem Großteil ihrer eigenen Gene zuliebe, und je ferner die Verwandtschaft, desto mehr nimmt diese Liebe ab – Ausnahmen bestätigen diese Regel. Menschgemachte Moral-Postulate wie z. B. die christliche „Nächstenliebe", von Friedrich Nietzsche messerscharf als „Fernstenliebe" entlarvt, müssen scheitern, sie entbehren der natürlichen Grundlage. Das christliche „Jeder-liebt-Jeden"-Dogma ist ohnehin eine neuzeitliche Interpretation, denn im Alten Testament waren ursprünglich nur die Juden selbst als „Nächste" gemeint, insofern „im Sinne des Erfinders". Heute sind Achtung, Respekt, Anstand und Hilfsbereitschaft fremden Menschen und fremden Völkern gegenüber ein großer Fortschritt und glückliche Fügungen einer gnädigen Evolution, mithin soziale Überlebensstrategien, solange sie nicht ausgenutzt und überfordert werden - innige, unreflektierte, grenzenlose Liebe dagegen kann nur den tatsächlich „Nächsten" gelten: der Familie oder dem Freund. Von dieser Liebe hat jeder Mensch nur ein bestimmtes Quantum zu vergeben, welches wir notwendigerweise auf die Nahestehenden konzentrieren.

Nun hat es sich außerdem für uns (als Menschen? als Gene?) als vorteilhaft erwiesen, „frisches Blut" und damit andere Gene zu suchen, um gegenseitig von den zwischenzeitlichen „Neuentwicklungen" an anderer Stelle profitieren zu können. Ähnliche Muster sind praktisch, was bedeutet: nicht in fernste Fernen schweifen, wohl aber über den Clan hinaus. Diese Suche ist, wenn auch von uns meist unreflektiert, im Kern der Sache auf den eigenen genetischen Vorteil bedacht, denn die Natur ist wählerisch und aristokratisch.

es liegt auf der hand,
dass eine ehe soviel wert ist wie die,
welche sie schliessen: kein pfarrer, kein priester,
kein politiker kann etwas anderes daraus machen!

(frei nach friedrich nietzsche)

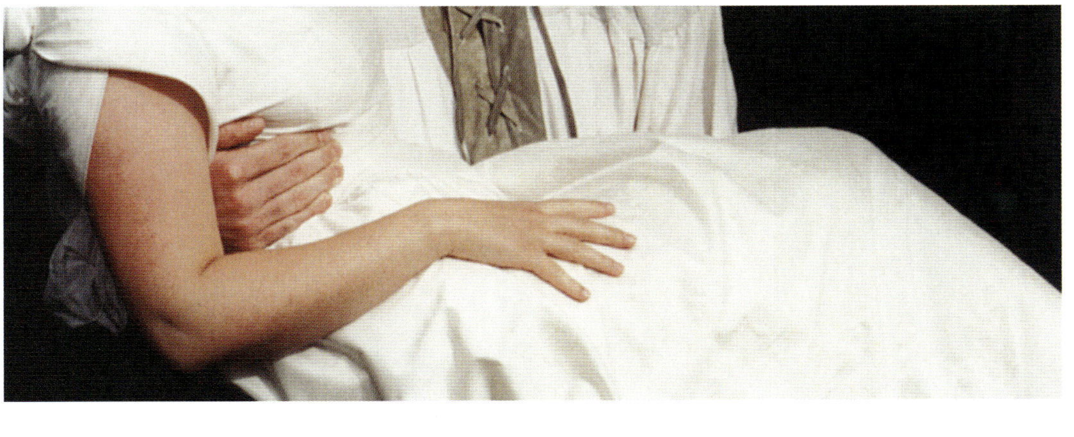

dass durch Zeugung neuen Lebens
der Schmerz des Todes gelindert werde,
dass der sterbende Vater in seinen Kindern
das Überdauern des Geschlechts und der
Menschheit als Tröstung gesichert sehe.

(Libanios, griechischer Rhetor 314-393 p. Chr. n.)

Und so haben wir „urverwandten" Menschen diese erstaunliche Fähigkeit entwickelt, auch diejenigen zu lieben, die nicht unserer unmittelbaren Verwandtschaft entspringen. Und diese „Fremden" werden mit ihren Familien über Freundschaft, Heirat und Ehe in die Familie eingebunden und somit in Bezug auf Liebe in den Status der Blutsverwandten gerückt. Der große Unterschied: Die eheliche Liebe ist nicht spontan wie Mutterliebe, sondern sie fußt auf Leistung. Sie fällt nicht „vom Himmel", sondern sie wächst langsam und stetig. Es ist daher Unsinn anzunehmen, exakt zwei von Millionen Menschen seien „himmlisch" auserwählt oder schicksalhaft genau füreinander bestimmt, sie müßten sich nur „erkennen". Vielmehr ist die Zahl der potentiellen Partner groß, Zufälle führen uns zusammen. Am Anfang überwiegt der oberflächliche Impuls, später kommt das tiefe Gefühl. Die größte Chance auf initiale „Zündung" besteht in der räumlichen, wesens- und interessenmäßigen Umgebung. Es sind mitnichten die Gegensätze, die am besten zueinander finden, ein altes neues Vorurteil. Und erst im täglichen Miteinander beginnt die Liebe, ganz langsam, Stück für Stück, über das gemeinsam Erlebte, über den Austausch, über die Zeit. Spät erst zeigt sich die Harmonie der charakterlichen Anlagen, das Bekenntnis des Schön- und Gutempfindens, das Urteil über entscheidende Lebensfragen, die Haltung, die Konsequenz, die Einsatzbereitschaft und die Gemeinsamkeit spirituellen Empfindens. Viel aktive Arbeit ist gefordert, um die zwangsläufigen Abweichungen auszugleichen. Das Alltägliche ist der Feind der Romantik, so manches Tal wird unverhofft durchschritten, manche bittere Träne vergossen. Und selbst der Moment des Glücks ist oft nur allzu vergänglich, wie immer ist der Weg das Ziel. Inzwischen muß man sich entscheiden, ganz und gar füreinander, ohne „Ausweichstrategie" und doppelten Boden. Die Ehe ist Befehl und Anspruch an die Partner, Verantwortung zu übernehmen. Der Lohn ist Geborgenheit, Behaglichkeit, Zärtlichkeit, die Liebe wächst. Eine solche Ehe ist auch ein Pfeil der Sehnsucht, mehr und mehr fordert sie Antwort auf die Frage nach dem göttlichen Sinn, sie bedrängt die Liebenden mit dem Wunsch nach Fruchtbarkeit, sie will sich verleiblichen. Das höchste Liebeserlebnis und zugleich die letzte Bestätigung der erfolgreichen Suche nach dem der eigenen Art entsprechenden Menschen sind die eigenen Kinder, ein gemeinsam gewirktes Wunder, ehrfurchtgebietend, einzigartig und nur so und nie wieder. Ob sachlich oder romantisch betrachtet – das Ergebnis bleibt das Gleiche, ändern können wir dies nicht.

Heute sind da viele Faktoren, die solches erschweren: religiöse Verirrungen, hedonistische Reize, naturferne Ideale, politische Gegenkräfte, und doch ist dies nur Übergang: die Natur - so erfrischend wenig anthropozentrisch - löst alles auf verblüffend einfache Weise. Wer sich dem Lebenskreis entzieht, gibt sich nicht weiter - „Sackgasse" also für das Destruktive. Die von Kindern gekrönte Liebesehe ist der einzige Weg, der dem Menschen die Ewigkeit gewährt, denn:

In den Kindern pflanzt du dich fort,
das, o Sterblicher, ist deine Unsterblichkeit!

(Taittiriya-Brahmana I 5.5.6; altindisch)

die eheleite

Die Eheleite

Mit dem Wort „Eheleite" präzisieren wir den Begriff der Hochzeit. Mit der Hoch-Zeit, also der Hohen Zeit, beschreiben wir nicht nur den Zeitpunkt des unmittelbaren Eheschließungsrituals, sondern vielmehr den gesamten Zeitraum, den zwei Liebende sich und ihrer Familie schenken. An dieser Stelle wollen wir uns aber mit der eigentlichen Heiratszeremonie, eben der Eheleite, befassen. Synonym verwendet wird das Wort „Trauung", dessen Herkunft sicher bei „Treuung" zu suchen ist. Weniger bekannt, aber nicht minder zutreffend und aussagestark ist der Begriff der „Eheweihe". Eheleite aber fügt sich am besten ein in die Reihe der übrigen Feste des Lebenskreises: Lebensleite, Jugendleite, Eheleite, Totenleite.

Das Ritual der Eheleite bezweckt die Überleitung der Unverheirateten in den Stand der Verheirateten. Es soll dem Ereignis des Sippenwechsels der Braut bzw. der Neugründung einer Sippe eine symbolhafte und feierliche Form verleihen, und - oft begleitet von magisch rituellen Handlungen - der Freude über das Wagnis der Ehe Ausdruck geben. Die Eheleite ist eine Feierlichkeit, die über die Verbindung zweier Menschen hinaus deren Sippenverbände in enge Berührung miteinander bringt. Der Freundeskreis der Brautleute wird bewußt in die Zeremonie mit einbezogen, damit über diese Trauung die Gemeinschaft eine neue Gliederung erfährt. Schon bei unseren germanischen Vorfahren stellte die große Gemeinschaft außerdem die notwendige Rechtsöffentlichkeit dar, ohne die der Rechtsakt der Heirat mangelhafte Gültigkeit hätte, da er ja neben der gegenseitigen Verpflichtung der Eheleute auch gegenüber Dritten wirksam sein soll. Die Eheleite ist ein Ereignis, welches entscheidend und verändernd in die Struktur der Gemeinschaft eingreift und daher deren Zustimmung bedarf. Diese Zustimmung wird allein schon durch die Anwesenheit der Gemeinschaft bezeugt, sie braucht nicht von jedem Einzelnen ausgesprochen zu werden.

In früheren, vor allem bäuerlich geprägten Völkern, in denen sich der Einzelne als noch verwachsen mit der natürlichen Gemeinschaft sah, wurde die Trauung weniger als die bloße Verbindung zweier Einzelwesen gewertet, als vielmehr zweier Lebenskreise, zweier Sippen. Die Ahnen der jeweiligen Sippe waren in diese Lebenskreise mit eingeschlossen, woraus sich der vielfach bezeugte Ahnenkult in den Hochzeitsriten ableiten läßt. So existiert bis heute z. B. die Tradition, wonach die Braut zum Vollzug der Heirat auf einen Stein treten muß – Symbol für einen Grabstein (ursprünglich den waagerechten Deckstein eines Dolmengrabes). Einen weiteren Hinweis auf den Ahnenkult im Heiratsritual indogermanischen Ursprungs liefert der sehr alte Brauch, daß die Braut das Herdfeuer umschreitet, denn der Herd war im heidnischen Denken immer zugleich auch Symbolsitz der Ahnen. Die Umschreitung des Herdfeuers ist für den gesamten indogermanischen Raum bezeugt. So finden wir diese Tradition z. B. auch im altindischen und im altgriechischen Hochzeitsritual. Auch die römische Braut wurde am Tage ihrer Heirat zusammen mit ihrem Gatten beim Betreten seines Hauses zuerst an den Herd geführt, um „aqua et ignis" (Wasser und Feuer) zu empfangen.

streu blumen der liebe zur lebenszeit,
kurz ist die zeit, die ihr beisammen seid.

[alte deutsche hausinschrift]

Wir fassen zusammen: die Eheleite hat die Aufgabe, Braut und Bräutigam rituell miteinander zu verweben, die Sippen zusammenzuführen und gegenüber der versammelten Gemeinschaft Bekenntnis abzulegen. Die Heirat schafft die notwendige Voraussetzung zur Bildung einer engen und unauflöslichen Gemeinschaft zwischen den Eheleuten und weiht die Verbindung zur Fruchtbarkeit. Um nun das Brautpaar zu einer wirklichen Einheit zu verschmelzen, greifen wir auf verschiedene Rituale zurück, die z. T. eine Jahrtausende alte Tradition haben. Dieses Brauchtum enthält die gesammelte Erfahrung unserer Vorfahren und hat auch heute seinen tieferen Sinn über die Schönheit des unmittelbar Erlebten hinaus, denn:

Rituale entfalten eine psycho-hygienische und sozial-stabilisierende Wirkung auf die Individuen, man verschafft sich mit ihrer Hilfe eine positive Einstellung zu den Dingen, die mit blanker Rationalität nicht zu erzielen ist. So organisiert jeder Mensch - bewußt oder unbewußt - auch über die Festtagsriten hinaus zwangsläufig seinen gesamten Alltag um viele kleine und große Rituale herum, die ohne ausreichende Reflexion evtl. auch zu Zwängen übersteigert werden können. Insofern bewährt sich am ehesten (wen wundert das!) eine gute Mischung aus „ratio" und „emotio", aus Verstand und Gefühl, aus Geist und Spiritualität. Auch hier muß die unvermeidliche Schlußfolgerung gezogen werden: dies alles ist so, weil es sich als vorteilhaft erwiesen hat, Bräuche und Rituale sind eine weitere ausgeklügelte und höchst-komplexe Überlebensstrategie der Natur, in diesem Fall des Sozialwesens Mensch. Sie helfen den Menschen insgesamt, deshalb wurden und werden sie von uns „erfunden" und über den langen Weg der Evolution verinnerlicht, abhängig von Ort, Zeit und vielen Zufällen. Rituale sind, genau wie Religion im allgemeinen, unabhängig von ihrem Wahrheitsgehalt sinnstiftend. Sie erleichtern das Hineinwachsen in eine Gemeinschaft, weil sie Sicherheit geben. Jeder weiß, wie man sich verhält, und es spart Zeit und Kraft, wenn man nicht ständig bei Null beginnen, alles in Frage stellen und ausdiskutieren muß. Zudem geben gemeinsame Rituale das Gefühl der Zugehörigkeit und des Verbundenseins. Rituale spenden auch Trost und schließen die Lücken des Unerklärlichen. Der Mensch ist also - zu seinem Vorteil - von Grund auf rituell angelegt und damit biologisch über die Vernunft hinaus an Brauchtum, Tradition und Religion gebunden. Auch die Verhaltensforschung z. B. bei Konrad Lorenz bestätigt die lebenserhaltende Macht der Rituale.

Diese intellektuelle Erkenntnis behindert in keiner Weise unsere spirituelle Seite - im Gegenteil, denn mehr Wissen bestärkt die Ehrfurcht vor einer faszinierenden All-Natur, die solches hervorgebracht hat und steigert so auch die Intensität der Emotion im Ritual. Nur hier lösen wir den scheinbaren Konflikt zwischen Geist und Gefühl. Fatal dagegen wird die Situation, wenn anstelle des ambivalenten Miteinanders von Verstand und Spiritualität ein platter Wortglaube tritt, der den Blick für die Realitäten verstellt: Wer in personifizierten Göttern nicht das Symbol, den Archetypen, sehen kann, wer nicht zur Kenntnis nimmt, daß jede Faser seines Wesens und Denkens von der vergänglichen Körperlichkeit getragen wird und auf seine einzel-menschliche Auferstehung in einem Jenseits hofft, kurz: wer die Wahrheit allein-irdischer Verantwortung nicht erträgt und sich ins Numinose flüchtet, dem ist die heilsame Kraft der Rituale fremd - unreflektiert drohen sie nur, den Wahn zu verstärken. Der natürliche Wissens-Glaube dagegen formt natürliche Rituale, die nicht Fessel sind, sondern Stütze, die das Leben nicht einengen, sondern reicher machen. In diesem Sinne läßt Antoine de Saint-Exupéry den Fuchs - in ganz bewußtem Wissen um die Macht des Rituals - zum kleinen Prinzen sagen: „Es wäre besser gewesen, du wärst zur selben Stunde wiedergekommen. Wenn du zum Beispiel um vier Uhr nachmittags kommst, kann ich nie wissen, wann mein Herz da sein soll..."

hochzeitsbräuche

Zeremonien und Rituale

Zeit und Ort

Die Wahl der Jahreszeit : Die Wahl der Mondzeit :
Die Wahl des Hochzeitstages : Die Wahl der Tageszeit :
Die Auswahl des Ortes

Vor der Hochzeit

Klappern und Scheppern : Hochzeitskleid in weiß :
Das offene Haar : Das gemeinsame Bad :
Der Aufbau : Der Zeremonie- bzw. Kultleiter

Die Zeremonie

Der Schutzkreis

Aufruf der Elemente

Das Versprechen

Der Ringwechsel

Der Kuß

Sinngaben

Wolle : Überreichen eines Schlüssels : Amulett und Waffe :
Die Brautkerze : Brot und Salz : Brot und Licht :
Vier Dinge für die Braut :
Der Familienleuchter : Der Thorshammer

Gemeinsame Eherituale

Handfesseln : Gemeinsames Baumpflanzen :
Schritt durch das Seil : Gemeinsames Holzsägen :
Sprung über den Besen : Gemeinsames Auslöffeln der Ehesuppe

Nach der Hochzeitszeremonie

Blüten streuen : Brautstraußwerfen : Werfen mit Getreidekörnern :
Fahrt mit dem Brautwagen : Glückwunschkiste

Fest und Tanz

Spiral- bzw. Kreistanz : Der Brauttanz : Kranzlstechen :
Gemeinsames Anschneiden der Hochzeitstorte : Brautstehlen

Ausklang

Hochzeitskranz um Mitternacht : Verbrennen des Blüten-
oder Blätterkranzes : Geldstück im Brautschuh :
Die Braut über die Schwelle tragen : Morgengaben

Die meisten indo-europäischen Hochzeitsrituale gründen auf dem Gedanken des Teilens und des Austauschens (z. B. von Speisen, aber auch von Blut), der äußerlich sichtbaren Verbindung (Ring, Gewänder) und des Versprechens für die Zukunft. Hierzu wollen wir auf den folgenden Seiten eine Reihe von ausgewählten Beispielen liefern, wo möglich mit historischer Erläuterung und der Frage nach dem tieferen Sinn.

Ausgespart haben wir dabei extrem patriarchalisch orientiertes Brauchtum, wie man es vorwiegend bei den semitischen Völkern findet. Oft wurde und wird der Frau hier keine eigene Rechtspersönlichkeit zugestanden, sondern sie wird zum Objekt des Handels degradiert. Rohe Befruchtungssymbolik z. B., welche die persönliche Leistung freier Mutterschaft dem männlichen Zuchtwillen unterwirft, ist uns völlig fremd, genau wie eine symbolische Erniedrigung der Frau, wie etwa der Koran (Acker des Mannes...) sie vornimmt. Man muß nicht wirklich bis zu der (Un-)Sitte des unter den Augen der Sippe rituell vollzogenen Beischlafs der Brautleute vordringen, um sich deutlich abgestoßen zu fühlen. Ebenso erinnern uns die christlichen Bräuche in Südeuropa, vornehmlich Sizilien, wo z. B. nach der Entjungferung die Zur-Schau-Stellung des blutigen Leintuchs folgte, unangenehm an die Demütigung und Menschenverachtung, die naturferne Wahn-Religionen in aller Welt immer wieder ausgelöst haben, auslösen und auslösen werden.

Wir wollen nachfolgend also den gemeinsamen Nenner naturreligiöser Hochzeitsrituale präsentieren und verzichten ohne Rücksicht auf historische Vollständigkeit auf solche Sonderformen, die dem Wesen und der Art naturreligiöser bzw. heidnischer Frauen, die sich als frei und stolz empfinden, nicht entsprechen.

Zeit und Ort

Die Wahl der Jahreszeit

Das Ritual der Eheleite sollte in die Zeit gelegt werden, in der auch Himmel und Erde sich vermählen, also in den Frühsommer und Sommer.

Die Wahl der Mondzeit

Wer sich die - wissenschaftlich noch kontrovers diskutierte - wachstumssteigernde Kraft des Mondes zunutze machen will, sollte in der Zeit des zunehmenden Mondes, also des zunehmenden Lichts, zwischen Neumond und Vollmond, heiraten. Wer sich intensiver mit dieser Thematik auseinandersetzen möchte, dem sei folgender Kalender empfohlen: „Mit dem Mond durchs Gartenjahr. Leben und Arbeiten in Harmonie mit Mond und Planeten" (Leopold Stocker Verlag). Hier wird ein komplettes Informationspaket geboten über die Kräfte und Wirkungen des zu- und abnehmenden, des auf- und absteigenden Mondes, der Mondknoten und -finsternisse sowie des Mondes in den Sternzeichen und vor den Sternbildern.

Die Wahl des Hochzeitstages

Es bietet sich an, freitags zu heiraten, am Tage Freias, der Gattin Wodans, die im Märchen Frau Holle wurde. Der Name Freia hängt mit „freien" zusammen, also „aus Liebe werben". Außerdem spielt natürlich der Wortstamm „frei" eine Rolle.

Die Wahl der Tageszeit

Die Heirat sollte tagsüber stattfinden, im Sonnenlicht. Die Sonne als Gottsymbol als Zeuge, und die Klarheit und Reinheit des Lichtes in der Umgebung schaffen die besten rituellen Voraussetzungen für eine gelungene Zeremonie.

Die Auswahl des Ortes

Die Eheleite findet, wenn es sich nur irgendwie einrichten läßt, im Freien statt und soll nur in Ausnahmefällen in einen geschlossenen Raum verlegt werden. Geeignete Plätze sind zum einen die elterlichen oder schwiegerelterlichen Grundstücke oder der Grund und Boden eines Verwandten oder guten Freundes bzw. eine stimmungsvolle Waldlichtung, eine Ruine mit schöner Aura, ein Schloßhof, ein Stein(-denkmal), ein Park usw. Plätze mit großen einzelstehenden Laubbäumen, die der Gemeinschaft im Sommer bei zu starker Sonneneinstrahlung Schatten spenden, sind ideal. Besonders gelungen ist die Eheschließung unter dem „Baum der Liebe", der Linde.

Vor der Hochzeit

Klappern und scheppern

Der Brauch, zur Hochzeit zu klappern und zu scheppern, diente ursprünglich der Vertreibung böser Geister. Sie und auch sonstige Unholde sollten von der Hochzeitsfeier ferngehalten werden, um das Brautpaar in der bevorstehenden Ehe zu schützen. Alte Überlieferungen (z. B. Vogelsberg) berichten, daß das Geschirr, in dem Frau Holle die Speise- und Trankopfer dargebracht wurden, abschließend an ihrem Altar zerschlagen wurde. Von Frau Holle erwartete man dafür Fruchtbarkeit und häusliches Glück, beides typische Bestandteile eines Ehesegens. Glas als Glückssymbol durfte nicht zerworfen werden. Die Polterscherben mußten auf jeden Fall aus Steingut oder Porzellan bestehen („Scherben bringen Glück..."). Das Polterfest bzw. der sog. „Polterabend" ist älter als die christlichen Hochzeitszeremonien. In Amerika lebt diese Tradition heute weiter in dem modernen Brauch, Blechdosen an das Hochzeitsauto zu binden. Auch das heute oft praktizierte Hupkonzert des Hochzeits-Autokonvois sowie Hochzeits-Feuerwerke basieren auf diesem Brauch.

Hochzeitskleid in weiß

Mit der Farbe weiß werden Reinheit, Vollkommenheit, Freude und Festlichkeit, Leben und ungebrochenes Licht verbunden. In der natürlichen Sicht der Dinge weniger die dogmatischen Elemente „Keuschheit", „Unbefleckheit" oder „Jungfräulichkeit". Die Keuschheit der Vestalinnen z. B. (Priesterinnen und Hüterinnen des Feuers) darf nicht mit moralischer Keuschheit verwechselt werden, hat nichts zu tun mit Jungfräulichkeit im christlichen Sinn bzw. dem unnatürlichen Leben der Nonnen und Mönche. Dadurch, daß die Priesterinnen in ständigem „gamos" mit dem Göttlichen lebten, stehen heidnisch-kultische Keuschheit und exstatische Preisgabe eng beieinander. Das Weiß des Brautkleides drückt eher noch die Suche der Braut nach Schutz und Geborgenheit aus. An den Armen trägt die Frau evtl. rotseidene Bänder, denn Rot ist die Farbe Donars. Ein schöner Brauch ist es auch, aus dem Brautkleid später das Kleid für die Lebensleite (Taufe) des ersten Kindes zu nähen.

Das offene Haar

Die Braut erscheint bei der Trauung mit offenem Haar. Das fliegende volle lange Haar, aufgelöst in Wind und Luft, ist nach alter Sitte der Schmuck der Freien, vor allem der Frauen. Auch Zöpfe, Steckfrisuren oder gar Kopfbedeckungen sind bei einer Naturhochzeit eher unangebracht. In völligem Widerspruch zu diesem ethischen Ideal steht der orientalische Brautschleier, gleich in welcher Abwandlung. Andererseits ist uns aus vedischen Hochzeitsritualen überliefert, daß die Braut einen Schleier trug, wohl vor allem deshalb, weil sich die Brautleute vorher nicht kannten und zur Hochzeit das erste Mal zusammengeführt wurden. Die Hochzeitsgesellschaft rauchte dann zeremoniell den berauschenden Hanf. Hierdurch wurde „der Schleier gelüftet. Die Eheleute sind nun im Himmel verbunden, nicht auf der Erde - denn jetzt erkennen sie sich im Gegenüber, aber auf einer völlig anderen Ebene, ohne die Wirrwege einer Partnerwahl, die durch Hormone in die Irre geleitet wurde." (zitiert nach W. D. Storl, Vortrag Rudolstadt 2005)

Das gemeinsame Bad

Etwas aufwendiger, aber auch sehr effektvoll ist das kultische Bad des Paares, und zwar entweder kurz vor oder aber kurz nach dem eigentlichen Hochzeitsritual, auf jeden Fall unter Einbeziehung der gesamten Gemeinschaft. Baden die Brautleute alleine oder nimmt nur die Braut ein Bad, so sollte dafür eine einfache Badewanne ausreichen. Dem Badewasser wird etwas Salz (= Reinigung), Kräuter (z. B. Rosenblüten, Mistel, Lorbeer, Eisenkraut) und Öl beigegeben. Das Meer, ein See oder ein fließendes Gewässer eignen sich gut für das Bad der Gemeinschaft. Das gemeinsame Bad erfüllt den Zweck der rituellen Reinigung und symbolisiert auch die Vereinigung mit dem Element Wasser und seinen guten Eigenschaften. Das rituelle Bad steht damit jenseits jedes orientalisch orientierten Entsühnungs- oder Sündenvergebungsbrauches. Analoges finden wir dafür z. B. in der Inka-Kultur. In der Nähe von Cuzco entspringt in einem Dorf eine heilige Quelle, die den Namen Bad der Prinzessin trägt und im Tal in die Ruinengruppe Huayna Kenti, das heißt „junger Kolibri", mündet. Die Überlieferung berichtet, daß die Inka-Prinzessinnen dort ihren Honigmond verlebten und das Bad in ein Hochzeitsritual eingebettet war.

Der Aufbau

Der Festplatz sollte natürlich abgeschlossen oder durch eine andere Art befriedet sein. Die beiden Pole des Kultortes sind zum einen der Platz, an dem das Brautpaar und dessen Eltern sitzen werden (also Stühle oder Bänke und ein großer Tisch mit weißem Leintuch) und zum anderen die Stelle, an der das Versprechen gegeben wird und der Kultleiter steht (Altar/Tisch mit weißem Leintuch und Feuerstoß oder Flammenschale und dem Ringteller mit den beiden Eheringen). Die anderen Kultgegenstände liegen griffbereit in der Nähe, jedoch außerhalb der Sichtweite der Gemeinschaft. Schmuck und Verzierung sollten möglichst natürlich sein, nach Region, Saison und Geschmack. Die Gäste warten außerhalb des Trauplatzes auf die Ankunft des Brautpaares und der Trauzeugen. Der Altarplatz selbst wird nur vom Zeremonienleiter sowie dem Brautpaar betreten.

Der Zeremonie- bzw. Kultleiter

Anders als bei kirchlichen Trauungen stehen für Naturhochzeiten keine „offiziellen" Priester zur Verfügung. Tatsächlich ist die Exklusivität des Priesterstandes durch Einsegnung und Ordination, wie wir es beispielsweise aus der christlichen Religion kennen, mit den freidenkerischen heidnischen Motiven nicht vereinbar. Der

Mensch kann sich nur selber Priester bzw. Kultleiter sein oder diese Ehre für Sippenangehörige und Freunde auf Wunsch übernehmen. Der Mensch ist der Herr über sein Schicksal, er kann es verwerfen, akzeptieren oder bewußt bejahen und freudig leben (dies ist eine der Botschaften des Nornenmythos). So wie der Mensch nur durch sich selber unrein und böse werden kann, so besitzt er die Möglichkeit und die Kraft, sich über sich selbst zu erheben. Aber gerade dadurch, daß er der Herr seines Lebens ist und diese Verantwortung an niemanden abtreten kann, steht ihm auch die Weihe seines eigenen Lebens zu, ja diese wird geradezu von ihm gefordert, und kein anderer kann ihn aus dieser Verpflichtung herauslösen, ohne ihn von der Wurzel seines Wesens abzutrennen. Das Priesterwesen als abgeschlossener Stand bzw. als soziale Schicht und auch die weltliche und in der Sündendogmatik wurzelnde religiöse Macht der Priesterklasse müssen wir ablehnen.

Die Fähigkeit, die Führung und Leite der rituellen Handlungen zu übernehmen, ist aber nicht nur eine Sache des Willens und der inneren Überzeugung und Begeisterung, auch wenn diese Werte die Vorbedingung dafür sein mögen. Vielmehr erfordert die Aufgabe des Kultleiters ein ausgeprägtes Bewußtsein und ein tiefes Wissen um den Gegenstand des Rituals. Geeignet sind prinzipiell einzelne Elternteile, Verwandte oder gute Freunde. Eine genaue Absprache und evtl. auch ein wenig Übung vorher sind allerdings Pflicht. Der Kultleiter kann durch spezielle rituelle Gewänder aus der Gemeinschaft hervorgehoben werden, dies ist aber nicht unbedingt erforderlich.

Die Zeremonie

Folgende Punkte, die entweder sofort im Anschluß oder aber im Verlauf der Beispiele im Praxisteil weiter hinten vertieft werden, sind zentrale Elemente einer naturreligiösen Hochzeit: Eröffnungssignal, Begrüßung durch den Gastgeber, gemeinsame Lieder, Festrede, Schutzkreis, Weihe des Trauplatzes, Einzug der Braut, Aufruf der Elemente, Befragung, Versprechen, Ringtausch, Kuß, Sinngaben, Ahnengedenken, Eherituale, Auszug, Tanz, Gelage, Spiele und Wettkämpfe, zwischendurch immer wieder Musik.

Der Schutzkreis

Ein Schutzkreis zur Weihe des Trauplatzes und zum symbolischen Vertreiben destruktiver Kräfte wie z. B. schlechter Gedanken friedet das Hochzeitsgeschehen räumlich wie zeitlich ein und bietet die notwendige Geborgenheit. Der Schutzkreis kann z. B. durch Streuen eines Blütenkreises oder auch durch entsprechendes Abschreiten mit der ganzen Hochzeitsgesellschaft bedeutet werden. Ideal als Ausgangspunkt ist ein Halbrund aus einer natürlichen Hecke, denkbar ist auch, schwere Steine im Kreis aufzustellen. Auf jeden Fall sollte der symbolische Schutzkreis optisch sichtbar gemacht werden. Gegen Ende der Zeremonie heißt es, den Schutzkreis wieder rituell aufzuheben, nicht ohne den guten Kräften für den gewährten Schutz zu danken.

Aufruf der Elemente

Die Arbeit mit den Elementen nimmt einen breiten Raum innerhalb der naturreligiösen Rituale ein. Nicht nur bei der Hochzeitsfeier, sondern bei jeder Jahreskreis- oder Lebensfeier, bei gemeinsamen Feuerfesten und Schwitzhütten und in den Minuten täglicher Andacht und Versenkung spielen die Elemente als Metapher allen Seins eine zentrale Rolle. Wir rufen die Elemente symbolisch an, bitten sie um ihre Präsenz im Ritual und bringen damit unsere Ehrfurcht vor dem göttlichen Wirken der Natur und unsere Dankbarkeit für das So-Sein-Dürfen zum Ausdruck. Wir versuchen dabei zum Einen, uns das reale Kraftpotential des Elementes rituell zu erschließen und zum Anderen, tiefer in die faszinierende Macht und das spirituelle Wesen der Elemente und damit der Welt an sich einzutauchen. Der rituelle Umgang mit den Elementen dient der Meditation, dem Erkennen ihrer Bedeutung für das Leben im allgemeinen und der Ausprägung unseres Bewußtseins. Die inneren Impulse, die uns die Elemente geben können, spüren wir aber nur, wenn wir unsere Sinne für die Aufnahme ihrer Botschaft öffnen. Unser direkter und bewußter Kontakt mit dem Element sensibilisiert die sinnliche Wahrnehmung und erschließt auf diesem Wege abgelegene, brachliegende Bereiche unseres Intellekts der spirituell-magischen Botschaft, die die Elemente in sich tragen. Die vier Elemente, Symbole für die Gott-Natur, sind Luft, Feuer, Erde und Wasser. Um sich in den Besitz der elementaren Kräfte zu bringen bzw. um diese in geeigneter Weise auf sich wirken lassen zu können, bedarf es neben der rituellen Form auch des verantwortungsbewußten Umgangs mit dem Element im Alltag.

Das Versprechen

Das Versprechen, früher auch „Konsensgespräch" hat seine Wurzel in indogermanischen Zeiten. Der zentrale Inhalt ist, daß die Brautleute sich durch das Wort ihren freien Ehewillen gegenseitig bestätigen und feierlich bejahen, vor den Augen und Ohren der Verwandten und Bekannten als Zeugen. Das Versprechen verkündet also öffentlich den Willen des Brautpaares und ist gleichzeitig Ausdruck der Billigung durch die Gemeinschaft. Bestärkt wird das Versprechen oft durch das gegenseitige Reichen der Hände als symbolischem Ausdruck von Aufrichtigkeit und tiefer Verbundenheit.

Der Ringwechsel

Der Ringwechsel schließt sich in der Regel dem Versprechen direkt an, ein sehr starkes und kraftvolles Ritual, welches sehr viel besser in einer feierlichen Zeremonie als in der bürokratischen Atmosphäre des Standesamts aufgehoben ist. Der Ring ist Zeichen der Treue und sollte daher in Material, Form und Farbe identisch für beide Ehepartner sein. An der Innenseite wird üblicherweise der Namen des Ehepartners und das Datum der Heirat eingraviert. Der Ring sollte sich auch äußerlich von anderen, reinen Schmuckringen unterscheiden. Die geschlossene Form des Rings

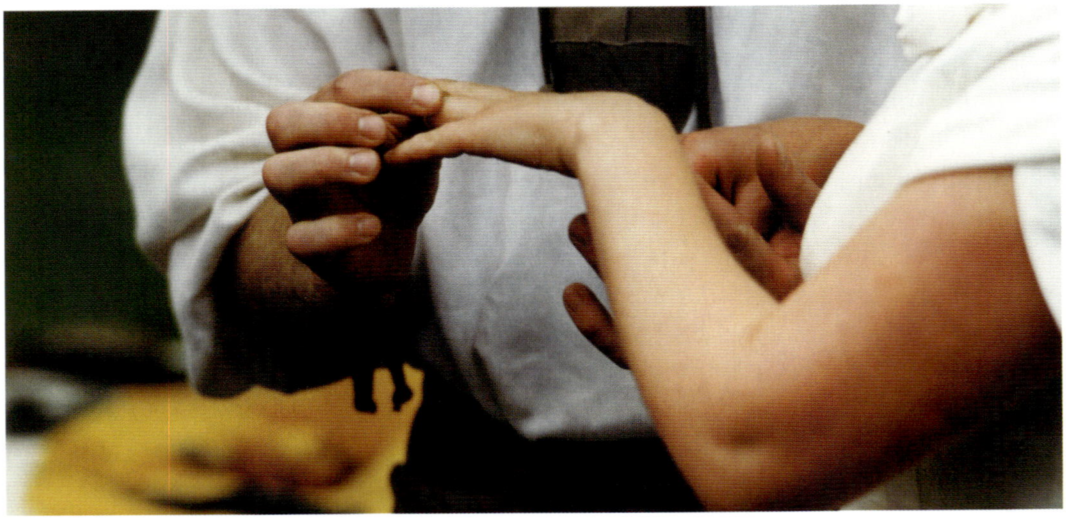

ist ein Zeichen der Bindung. Die Ringform verinnerlicht zusätzlich die mächtige Symbolik des Kreises ohne Anfang und Ende: Das Zusammenspiel von Niedergang und Erneuerung, also das ewig Zyklische der Natur. Der Kreis steht für Übergang, Ewigkeit, Unendlichkeit, Sonne, Gott.

Der Kuß

Der Vollzug, die Krönung der Zeremonie. Eines der wenigen Rituale, welches offensichtlich so direkt und eindeutig aus der Natur des Menschen hervorgeht, daß es zu allen Zeiten und allen Orten seine Manifestation gefunden hat und deswegen an dieser Stelle auch weder inhaltlich, historisch oder anleitend erläutert werden muß (wer das nicht alleine hinbekommt, dem ist ohnehin nicht zu helfen ....).

Sinngaben

Wolle

Ein schönes symbolisches Hochzeitsgeschenk ist ein Knäuel möglichst naturbelassener Schafswolle als Sinnbild für die jetzt engverwundenen Lebensfäden der Eheleute. Auch der Aspekt von Schutz und Wärme der täglichen Kleidung, mit Wolle als Grundlage, spielt hierbei eine Rolle.

Überreichen eines Schlüssels

Der Bräutigam überreicht der Braut einen Schlüssel und übergibt ihr somit symbolisch die Herrschaft über Haus und Hof, als Sinnbild der gewählten Arbeitsteilung innerhalb der geplanten Familie und als Zeichen des Vertrauens.

Amulett und Waffe

Zuerst hängt der Bräutigam der Braut feierlich ein Amulett um; ein sehr altes Ritual. Dieses Amulett ist in der Regel eine goldene Brustscheibe, ein sogenannter Fürspan. Der Fürspan war einst Zeichen der königlichen Frau, später im Mittelalter dann Symbol für eine freie Frau aus einem freien Odalgeschlecht. Die goldene Brustscheibe steht für die Sonnenhaftigkeit des Lebens, dessen Hüterin die Frau und Mutter ist. Im Gegenzug übergibt die Braut dem Bräutigam dann eine Waffe – nicht als Ausdruck von Gewalt oder Herrschaft, sondern vielmehr zum Zeichen von gemeinsamer Lebenskraft und Wehrhaftigkeit.

Die Brautkerze

Eine schöne Idee ist es, in den Tagen vor der Trauung eine persönliche Brautkerze selbst zu gestalten und zu verzieren, evtl. sogar bestimmte Sinngaben oder Symbole in das Wachs mit einzuschmelzen. Während der Zeremonie sollte dann das Hochzeitspaar die Brautkerze gemeinsam zum ersten Mal entzünden. Neben der Brautkerze gehören Kerzen, Feuer und andere Lichtsymbole zu jeder Hochzeitsfeier. Die Kerzenflamme ist das Symbol der Lebens- und Leuchtkraft, der Drang der Flamme nach oben hat ihren speziellen Aufforderungscharakter: Mensch sein heißt nach oben streben! In der griechischen Kunst begegnet uns auch das Sinnbild der umgestürzten und erloschenen Fackel, die den Tod darstellt.

Brot und Salz

Sowohl Brot als auch Salz sind elementare Bestandteile der Grundernährung und praktisch bei allen Völkern heilig und geehrt. In Märchen und Sagen wird immer wieder darauf hingewiesen, wie schlecht es dem ergeht, der das Brot mißachtet. In Schlesien und in Hessen reichte der Bräutigam der Braut oder die Brautmutter dem Paar beim Einzug in das neue Heim ein Stück Brot von einem frischen Laib. Ein Stück verwahrte die Braut für alle Zeiten; der Rest des Brotlaibs wurde an die Armen verteilt. Das Brot, welches dem Brautpaar zusammen mit dem Salz überreicht wird, soll selbstgebackenes Sauerteigbrot aus Vollkornmehl sein und eine gute Mischung heimischen Getreides enthalten, hauptsächlich Roggen und Weizen. Brot und Salz sind außerdem uralte Fruchtbarkeitssymbole, weshalb sich viele Bräute auch Brotkrümel in ihr Hochzeitskleid nähen.

Brot und Licht

Bei der Hochzeit spielen Brot und Licht von jeher eine große Rolle. So prangte in Westfalen inmitten der Hochzeitstafel ein Riesenbrot mit einer Kerze. Das Brot wurde anschließend an die Armen verteilt, die Kerze auf einen Altar verbracht.

Vier Dinge für die Braut

Jede Braut sollte an ihrem Hochzeitstag vier ganz spezielle Dinge tragen, um in der Ehe glücklich zu werden: etwas Altes - etwa ein altes Familienerbstück, um die Familientradition weiterzuführen; etwas Neues, z. B. das Brautkleid, als Zeichen für Optimismus; etwas Geliehenes von einem glücklichen Menschen, z. B. eine Kette, in der Hoffnung auf eigenes Glück und etwas Blaues, z. B. ein blaues Strumpfband, Symbol für Treue und Kraft. Die Herkunft dieses Brauches liegt im englischsprachigen Raum, wie auch der Reim im Original belegt: „something old, something new, something borrowed, something blue ..."

Der Familienleuchter

Familienleuchter in verschiedenen Formen sind ein sehr symbolträchtiges Ehegeschenk. Er ist nicht nur gemeinsames Erkennungszeichen und Erinnerung an das gegebene Versprechen, sondern auch ein Weg- bzw. Lebensweiser, ein ganz persönlicher Begleiter durch „dick und dünn". An seinem Ehrenplatz im gemeinsamen Haus wird er nur zu besonderen Anlässen entzündet, z. B. bei großen Jahreskreis- oder Familienfesten, natürlich an den Hochzeitstagen. Sein Licht ist auch Jahr für Jahr eine Brücke zwischen den Vorfahren, den Jetzigen und den Kommenden. Das gemeinsame Entzünden der Kerzen ist ein feierlicher Akt von Liebe und Einheit. Für die äußere Form eines Familienleuchters gibt es kein starres Muster – von einer schlichten, funktionalen Gestaltung bis hin zur höchst-künstlerischen Ausarbeitung sind alle Abstufungen möglich.

Eine schöne Grundform ist der Weltenbaum, die Irminsul bzw. in der reduzierten Form die MAN-Rune. Die Grundidee ist, daß auf diesem Leuchter drei Kerzen zu brennen haben, und zwar je eine für Braut und Bräutigam und die dritte für deren

Verbindung, die Kinder. Die Botschaft der Rune ist: Entfaltung des Lebens, so wie wir es auch im Naturvorbild finden, z. B. im Tannenzweig, an dessen Enden wir im Frühling drei hellgrüne Knospen entdecken. Die Kerzen sind die Knospen der Familie. In der Mitte des Leuchters finden wir die ALL- bzw. HAGAL-Rune, Zeichen für die ruhende Mitte, Symbol des Ausgleichs. Weitere Möglichkeiten zur Ausgestaltung des Familienleuchters sind Blätter, Sprosse, Wurzeln, Tropfen, ein jedes mit der ihm eigenen Symbolik.

Der Thorshammer

Neben Kerzen und Leuchtern übernimmt noch ein weiterer Kultgegenstand die Funktion eines Schutz- und Weihesymbol für Ehe und Familie, der sog. Thorshammer. Thor, der nordische Donnergott, trägt als Waffe einen Hammer namens Mjölnir. Die Form des Hammers hat sich aus der älteren und im gesamten indogermanischen Raum verbreiteten Form der Doppelaxt entwickelt. Beide Symbole gehen auf die schöpferische Dualität des Blitzstrahles zurück, die sowohl den befruchtenden, als auch den vernichtenden Aspekt des Lebens in sich trägt. Der Hammer dient jedoch nicht nur als mythische Waffe, sondern eben auch zur Weihe des Brautpaares. So wird der Thorshammer der Braut in den Schoß gelegt als Sinnbild der Vereinigung, als Symbol der Zeugungs- und Geschlechtskraft.

Eheliche Weihesymbole wie der Thorshammer sollten die gesamte Zeremonie aktiv begleiten und so sinnbildlich mit den guten Wünschen für das junge Paar aufgeladen werden, um dann zu jedem späteren Zeitpunkt als Erinnerung, Fixpunkt, Stütze sowie Kultgegenstand für weitere Feste dienen zu können.

Jeder Gast ergreift einzeln den Thorshammer, spricht laut seinen Segen und seine guten Wünsche für das Paar und gibt den Hammer an den nächsten weiter.

Im gezeigten Beispiel ist die Rückseite des Thorshammers nach den ganz persönlichen Vorgaben des Paares gestaltet worden. So sind z. B. das Datum der Hochzeit, die Vor- und Familiennamen von Brautpaar und Eltern, zwei ineinander verschlungene Ringe sowie allerlei Sonnen- und Lebenssymbole zu sehen. An den Rändern wurde Platz gelassen, um später noch die Namen und Geburtstage der Kinder einzuschnitzen Die Vorderseite orientiert sich ganz an den Vorgaben historischer Funde.

Gemeinsame Eherituale

Handfesseln

Während jeder Hochzeitszeremonie werden symbolisch für das Leben die Hände des Brautpaares zusammengeführt. Dies ist eine zentrale Geste im Rahmen des Treueversprechens und der Segnung. Zusätzlich ist es möglich, die Hände des Brautpaares mit einem (weißen oder blauen) Tuch zu verbinden. Dies geschieht zu Beginn des eigentlichen Eherituals, als sichtbares Zeichen der Zusammengehörigkeit, das danach mit dem Eheversprechen durch ein viel stärkeres, unsichtbares Band ersetzt wird. Das Handfesseln geht wahrscheinlich auf den schottischen Brauch – mit keltischen Wurzeln – des „Handfasting" zurück, nach dem es möglich war, daß zwei Menschen rechtskräftig heirateten, indem sie sich vor Zeugen die Hand reichten und sich zu Mann und Frau erklärten. Beide waren dann einander für ein Jahr und einen Tag versprochen. Nach Ablauf dieser Frist suchten sich die Eheleute einen Priester und heirateten für immer, oder sie trennten sich und gingen wieder ihrer Wege.

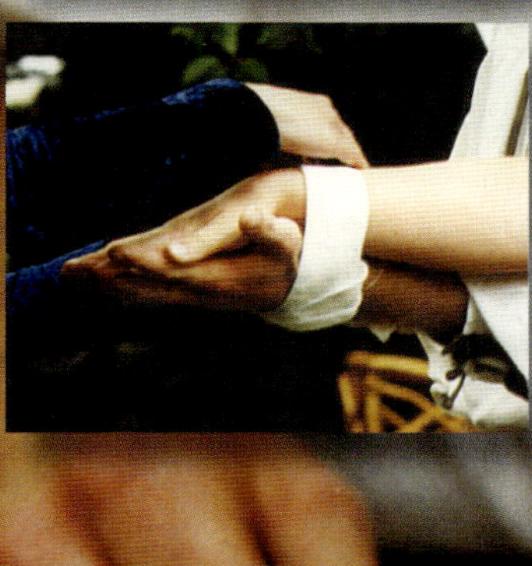

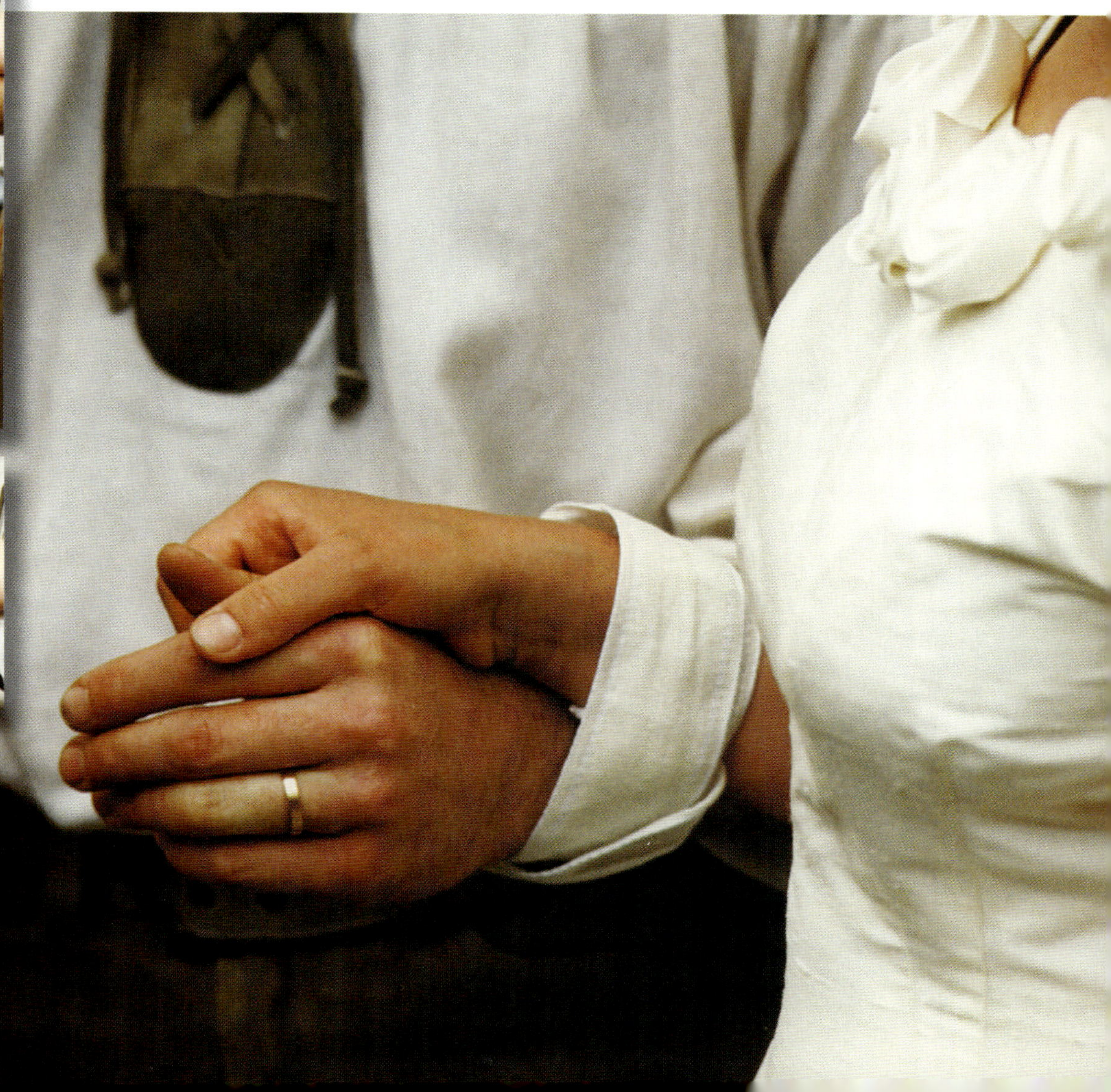

Gemeinsames Baumpflanzen

Die Verehrung des Baumes ist heidnischer Gottesdienst. Als sichtbares Zeichen der Dankbarkeit und der Fürbitte um das gemeinsame Lebensprojekt Ehe und Familie pflanzen die beiden Brautleute gegen Ende der Zeremonie feierlich einen jungen Baum am Ort Ihrer Heirat, gleichsam als Schicksals-, Lebens-, Familien- und Weltenbaum. Alle vier Elemente werden mit eingebracht und somit aus der Zeremonie „entlassen", nicht ohne ihnen den persönlichen Dank ausgesprochen zu haben: der Erde von dem Heimatort der Braut, in die nun der Baum gepflanzt wird, das geweihte Wasser, mit welchem der Baum gegossen wird, die Asche aus der Feuerschale, die ebenfalls mit vergraben wird und der (Luft-)Räucherung, von der dem jungen Bäumchen kräftig zugefächelt wird. Es ist nicht nur eine schöne sowie sinnvolle Geste, wenn die beiden Väter die „Heimaterde" und die beiden Mütter je einen Krug reinen Quellwassers mitbringen, sondern es hat auch einen praktischen Nutzen - denn auf diese Weise lassen sich selbst Elternteile, die dem Rituellen und dem Naturreligiösen sonst ablehnend gegenüberstehen oder einfach Scheu zeigen, harmonisch in das Ritual einbinden.

Der Baum soll fortan gehegt und gepflegt werden wie die eigene Familie, als stummer Zeuge der ersten Stunde, als Bindeglied zwischen Mensch und Natur/Gott.

Schritt durch das Seil

Die junge Ehe soll sich stärker erweisen als alle Hindernisse, die sich Ihr in den Weg stellen. Deshalb wird am Ausgang des Kultplatzes als erste Probe ein Seil gespannt, das von dem Brautpaar überwunden werden muß.

Gemeinsames Holzsägen

Braut und Bräutigam zersägen nach der Trauung einen Holzstamm, der ihnen in den Weg gelegt wurde, als Zeichen für gemeinsames Handeln und den Willen, auch zukünftig alle Hürden des Lebens zusammen zu meistern. „Physische" Rituale wie Holzsägen oder Besensprung haben neben der inneren Bedeutung vor allem auch die Aufgabe, die aufgebaute Spannung langsam wieder zu lockern. Nachdem der Spannungsbogen mit Versprechen, Ringwechsel und Kuß seinen Höhepunkt erreicht hatte, sollen jetzt die aufgewühlten Emotionen spielerisch, unterstützt von körperlicher Aktivität, wieder aufgelöst und auf das normale Maß heruntergefahren werden. Die Einbindung des Publikums und deren Spontanreaktionen unterstützen diesen Ablauf ebenfalls.

Sprung über den Besen

Ein Helfer hält einen Besen schräg vor das Brautpaar, idealerweise die niedrigere Seite vor die Braut, deren Beweglichkeit durch das Hochzeitkleid ja evtl. etwas eingeschränkt ist. Dann springen beide gleichzeitig über den Besen und aus dem Schutzkreis heraus, der damit seine Schuldigkeit getan hat, symbolisch in die Ehe hinein. Es ist dies ein Sinnbild für die letzte Hürde in die gemeinsame Zukunft, über die das Paar vereint auf der anderen Seite ankommt.

Gemeinsames Auslöffeln der Ehesuppe

Zum Auftakt des geselligen Mahls am Ende der Hochzeitsfeier steht das rituelle gemeinsame Auslöffeln der Ehesuppe durch das Brautpaar. Die Suppe (früher die Brühe des geopferten Hahnes) wird mit dem dargebrachten Salz gewürzt. Das Brot wird zerkrümelt und beigegeben. Das Brautpaar erhält nur einen gemeinsamen Teller und einen Löffel, den beide zusammen führen und sich gegenseitig füttern. Das Ehepaar bringt damit seine Absicht zum Ausdruck, auch in Zukunft alle „Suppen gemeinsam auslöffeln" zu wollen, sowohl die guten als auch die schlechten...

Nach der Hochzeitszeremonie

Blüten streuen

Blumenkinder, meistens ein Mädchen und ein Junge, tragen kleine Körbchen mit bunten Blüten, die zu Ehren des Brautpaares nach der Trauzeremonie gestreut werden. Auch dies ist in erster Linie ein Fruchtbarkeitsbrauch.

Brautstraußwerfen

Die Braut wirft ihren Brautstrauß in die Menge der nicht verheirateten Frauen der Hochzeitsgesellschaft. Diejenige Frau, welche den Brautstrauß fängt, wird die nächste Braut werden. Der Brautstrauß selbst bestand früher oft aus Rosmarin, als immergrünes Symbol des Lebens - und verdrängt seit dem Ende des 19. Jahrhunderts den Blüten- und Blumenkranz in der Gunst der Paare. Seit dem Mittelalter trug das Brautpaar schlichte Myrtenringe, denn die Myrte empfand man als der Aphrodite geweiht, später wurden auch Diademe und geflochtene Blütenkronen Brauch.

Werfen mit Getreidekörnern

Ein alter Fruchtbarkeitszauber, durch den zum einen der Wunsch nach Kindern bekräftigt und zum anderen die Hoffnung auf die gesicherte Nahrungsmittelversorgung der jungen Familie ausgedrückt wird. Entsprechungen gibt es in der gesamten indogermanischen Welt: in Rom bewirft man die Braut mit Nüssen, in Griechenland zusätzlich mit Feigen und Datteln und in Indien mit Reis.

Fahrt mit dem Brautwagen

Nach der Trauung unternimmt das Brautpaar eine Rundfahrt mit einer Kutsche mit geschmückten Pferden, auch andere Fahrzeuge sind möglich. Bei der Fahrt gibt es verschiedene Hindernisse, z. B. wird die Durchfahrt nur gegen eine Spende des Brautvaters erlaubt u. ä. In Oberhessen z. B. wird auch heute noch bei Hochzeiten die Aussteuer auf einem großen Leiterwagen in das gemeinsame Nest des Brautpaares gefahren. Unterwegs mußte ein Wegezoll an die Burschen im Dorf bezahlt werden. Der tiefere Sinn ist, daß die böse Norne (Schicksalsgöttin) den Menschen Hindernisse in den Weg legt, die beseitigt werden müssen, sowie daß persönliches Glück durch Teilen und Abgeben gemehrt werden kann.

Glückwunschkiste

Vor der Zeremonie teilen Helfer an alle Gäste kleine Zettelchen und Stifte aus. Auf die Zettelchen - schön sind natürlich rote Herzen aus stärkerem Karton - werden nun Sinnsprüche, Gedichte oder persönliche Glückwünsche geschrieben. Dann geht die Kiste herum und die Zettelchen werden darin eingesammelt und verschlossen, und erst wieder zu wichtigen Anlässen geöffnet, z. B. zur Lebensleite der Kinder oder wenn das Paar eine schwierige Zeit miteinander hat und Hilfe braucht.

Fest und Tanz

Spiral- bzw. Kreistanz

Der Bräutigam nimmt die Braut bei der Hand und schreitet mit ihr zur Musik vor den Gästen her, die sich nacheinander ebenfalls an den Händen nehmen und einreihen, sodaß eine lange Kette aus allen Anwesenden entsteht. Idealerweise wurden vorab einige Helfer eingewiesen, die dafür sorgen, daß jeder mitmacht und die Schlange nicht abreißt. Sobald auch der letzte Gast in Bewegung ist, beginnt der Bräutigam, einen großen Kreis zu beschreiben, immer weiter alle anderen hinter sich herziehend. Wenn der letzte Mann der Prozession eingeholt wird, geht es weiter nach innen, sodaß eine Art Schneckenhaus, eine Spirale entsteht. Schließlich in der Mitte angekommen, macht das Brautpaar kehrt und tanzt wieder nach außen, vorbei an den nachfolgenden Tänzern, die immer noch nach innen drehen. Zum Schluß noch einmal nach innen, bevor sich das Ganze in Klatschen und Lachen auflöst. Als Musikbegleitung eignen sich z. B. getragene Stücke oder Menuette, es gibt sogar ein ganz spezielles schottisches Spiraltanz-Lied. Selbstverständlich können auch andere Figuren getanzt werden wie z. B. Achten, Bögen und Linien. Sofern die Hochzeitsfeier auf dem heimatlichen Grund stattfindet, bietet es sich an, spezielle Bereiche durch die tänzerische Umschreitung besonders zu weihen, wie etwa einen bestimmten Baum, einen Hain oder auch den Gemüse- bzw. Nutzpflanzengarten.

Der Brauttanz

Während die Braut mit jedem Mann tanzt, werden in einem Körbchen Münzen gesammelt, als kleine Starthilfe für das Brautpaar.

Kranzlstechen

Diese Tradition läßt sich aus den mittelalterlichen Ritterspielen ableiten. Der von der Braut abgelegte Jungfernkranz wird an einem Baum aufgehängt, und die männlichen Gäste versuchen hoch zu Roß, mit dem Degen den Kranz aufzufangen. Der Sieger darf die Dame seines Herzens mit dem Kranzl ehren.

Gemeinsames Anschneiden der Hochzeitstorte

Braut und Bräutigam schneiden gemeinsam die Hochzeitstorte an als Zeichen für ihren Zusammenhalt und Einigkeit in der bevorstehenden Ehe.

Brautstehlen

Das Brautstehlen ist ein weit verbreiteter Brauch während des Hochzeitsfestes. Freunde der Brautleute lenken den Bräutigam und den Trauzeugen ab, um die Braut zu entführen, meist in eine Gaststätte in der Nähe. Es folgt die Suche, mit der der Bräutigam nochmals die Ernsthaftigkeit seines Ehe-Entschlusses und seinen ganzen Einsatz für die Braut demonstrieren soll.

Dieser Brauch hat allerdings keinen erkennbaren kultischen oder natürlichen Bezug, auch droht er leicht zu eskalieren, vor allem, wenn Alkohol im Spiel ist. In jedem Fall aber wird die Feier zerrissen, die Harmonie zerstört: ein Teil der Leute ist bei der Braut, ein Teil sucht und der Rest verbleibt unbetreut. Die Vermutung liegt nahe, daß die Urheber solcher „Hochzeitsstreiche" - leider gibt es inzwischen noch wesentlich derbere Varianten bis hin zur konkreten Zerstörungen in und um die Wohnung - einfach nicht in der Lage sind, eine wirklich sinnhafte Ausgestaltung der Hochzeit zu vollbringen. Die Entführung der Braut scheint ein sinnentleertes Ersatzritual analog zum modernen Werte- und Ernsthaftigkeitsverlust zu sein. Die dringende Empfehlung der Autoren lautet: Lieber ein schönes Lied oder Gedicht vortragen, als die Unsitte der Hochzeitsstreiche mitzumachen.

Ausklang

Hochzeitskranz um Mitternacht

Der Braut wird um Mitternacht der Brautkranz abgenommen, als Symbol für den Übergang von ihrem alten Leben ins Eheleben.

Verbrennen des Blüten- oder Blätterkranzes

Im Rahmen des ausklingenden Hochzeitsfestes kann in der Nacht dann der Brautkranz dem Feuer in der Mitte des Festplatzes übergeben werden. Die Übergabe des Kranzes an das Hochzeitsfeuer transportiert eine ganze Palette tiefer Symbolik. Zum einen bildet der Kranz den Mittelpunkt des Ahnengedenkens. Zum anderen wird Platz für das Neue geschaffen, in dem sichtbar vor allen Augen das Alte verbrannt wird. Der Kranz mit seiner Kreisform ist außerdem Sinnbild für den Zyklus von

Leben und Tod, für das Ewige – ein mächtiges Eheversprechen. Schließlich symbolisiert er durch seine Blüten oder Blätter ganz allgemein Natur und Fruchtbarkeit. Die Kranzverbrennung ist ein moderner Ersatz für das Umschreiten des Herdfeuers, das ja aus allein schon naheliegenden Gründen eine Formänderung erfahren mußte – denn wer umwandelt schon einen Elektro- bzw. Mikrowellenherd...

Geldstück im Brautschuh

Gegen Ende der Hochzeitsfeier kriechen einige Kinder unter den Tisch und ziehen der Braut den linken Schuh aus. Dann gehen die Kinder reihum und sammeln in diesem Schuh Geld, damit symbolisch der Start des Ehepaares erleichtert und ganz praktisch ein Teil der Kosten für die Feier abgedeckt wird. Ein ähnliches Motiv liegt dem Brauch zugrunde, daß die Braut sich selbst ein kleines Geldstück bereits am Morgen des Hochzeitstages in den Brautschuh steckt, damit wird der Wunsch transportiert, daß in dieser Ehe nie das Geld ausgehe. In manchen Gegenden bezahlt die Braut ihre Brautschuhe selbst von den Pfennigen, die sie während ihrer Jugend zusammen gespart hat. Früher schloß man aus dem Wert des Schuhs auf Fleiß und Sparsamkeit der Braut.

Die Braut über die Schwelle tragen

Der Stammplatz der bösen Geister, die das Eheleben der Jungvermählten stören wollen, ist unter der Schwelle des Hochzeitshauses. Deshalb wird die Braut vom Bräutigam mit Schwung über die Schwelle getragen. Genauso schwungvoll sollen gemeinsam auch in Zukunft alle Schwierigkeiten überwunden werden.

Morgengaben

Das Brautpaar schenkt sich gegenseitig am Hochzeitsmorgen ein ganz persönliches Geschenk. Wenn der Bräutigam seiner Auserwählten das Geschenk unter das Kopfpolster legt, heißt es, werden ihm noch viele glückliche Ehetage beschert.

anregungen
für eigene
hochzeits-
zeremonien

schwangere braut
lustwandelt
am morgen danach
durch den garten

heidnische hochzeit

griechische hochzeitsszene aus dem tempel der hera in agrigent

Versprechen

Das Brautpaar steht im Blumenkreis vor dem Tisch des Kultleiters.

Bräutigam: „Unsere Freunde und – durch sie vertreten – unsere ganze Gemeinschaft sind heute versammelt, um unserem verpflichtenden Gelöbnis beizuwohnen."

Bräutigam, wendet sich zur Braut: „..., willst du meine Gefährtin sein auf dem Weg des Lebens, meine Freuden sowie meine Prüfungen teilen und – unter unserer Sonne – den Geist unserer Vorfahren atmen?"

Braut: „Ja, das will ich. ..., willst du mein Gefährte sein auf dem Weg des Lebens, meine Freuden sowie meine Prüfungen teilen und – unter unserer Sonne – den Geist unserer Vorfahren atmen?"

Bräutigam: „Ja, das will ich."

Kultleiter: „Gebt euch die rechte Hand."

Braut und Bräutigam geben einander die rechte Hand und halten sie nach oben.

Bräutigam: „Deine Hand nehme ich, um unsere Schicksale zu vereinen. Ich werde dir Freude und Unterstützung geben bis in den Tod. Im gleichen Schritt gehend, werden wir das gleiche Haus und das gleiche Feuer hüten."

Braut: „Deine Hand nehme ich, um unsere Schicksale zu vereinen. Ich werde dir Freude und Unterstützung geben bis in den Tod. Im gleichen Schritt gehend, werden wir das gleiche Haus und das gleiche Feuer hüten."

ich stecke an deinen finger den treuering ...

Schwur und Ringe

Kultleiter: „Gebt euch die Ringe."

Brautvater, nimmt den Teller mit den Ringen vom Tisch auf und reicht ihn dem Bräutigam: „Der Ring, er hat weder Anfang noch Ende. Er ist wie die Ewigkeit. Er trägt im selben goldenen Gewande den Anfang und das Ende."

Bräutigam, nimmt den Ring und steckt ihn der Braut an den Ringfinger: „Ich stecke an deinen Finger den Treuering."

Bräutigammutter, nimmt den Teller mit den Ringen vom Tisch auf und reicht ihn der Braut: „Der Ring, er hat weder Anfang noch Ende. Er ist wie die Ewigkeit. Er trägt im selben goldenen Gewande den Anfang und das Ende."

Braut, nimmt den Ring und steckt ihn dem Bräutigam an den Finger: „Ich stecke an deinen Finger den Treuering."

Kultleiter: „Alles geht, alles kommt zurück. Ewig rollt das Rad des Seins. Alles stirbt, alles blüht wieder auf. Ewig rollt das Rad des Seins. Alles bricht. Alles wird neu gefügt. Ewig baut sich das Haus des Seins. Alles scheidet, alles grüßt sich wieder. Ewig bleibt sich treu der Ring des Seins. So sei der Bund geschlossen!"

Brot

„das brot ist leben, das brot ist schmerz,
das brot ist liebe, das brot ist hoffnung. deswegen:
liebet das brot - herz des hauses,
duft der tafel, freude des herdes.
achtet das brot - schweiss des angesichts,
stolz der arbeit, poesie des opfergangs.
ehret das brot - ruhm der felder,
wohlgeruch der erde, fest des lebens.
verschwendet nicht das brot - reichtum des vaterlandes,
zärtlichste gabe der götter,
heiligster preis für menschenmüh'!„
(dichter unbekannt)

Ein Trauzeuge bringt eine Tonschale, gefüllt mit der Erde eines heimatlichen Acker- oder Waldbodens: „Hier ist Erde. Nehmt diese Erde als einen Teil eures Heimatbodens. In ihr werdet ihr stets Halt finden. Diese Erde soll euren Wurzeln Halt geben."

ERDE

Ein Trauzeuge bringt ein Bündel naturbelassener Schafswolle in einer Holzschale: „Hier ist Wolle. Mögen diese engverwobenen Fäden ein Sinnbild eures Bundes sein. Diesem Gewebe gleich, bleibt einig euer ganzes Leben lang. Möge diese Wärme die fruchtbare Freude hegen, die euer Glück begründen soll."

WOLLE

du und ich

wir träumten voneinander
und sind davon erwacht,
wir leben, um uns zu lieben,
und sinken zurück in die nacht.
du tratst aus meinem traume
aus deinem trat ich hervor,
wir sterben, wenn sich eines
im anderen ganz verlor.
auf einer lilie zittern
zwei tropfen rein und rund,
zerfliessen in eins und rollen
hinab in des kelches grund.

[fr.hebbel]

Der Familienleuchter

Ein Gedicht von Fr. Hebbel, welches sich die Brautleute als Leitgedanken ihrer Ehe wählten, lieferte das Konzept für die künstlerische Ausgestaltung des Familienleuchters. Die beiden MAN-Runen, die sich mit je einem Ast, einer ewigen Flamme gleich, gegenseitig himmelwärts schrauben und auf ihrem anderen Ast das vergängliche Licht der Brautleute tragen, wurzeln fest im heimatlichen Boden. Auf ihrem Weg nach oben haben die Runen - Sinnbild des Brautpaares -, ein Lilienblatt durchstoßen. Die Liebenden, deren Vereinigung in das Eine sich oberhalb dieses Lilienblattes vollzieht, haben damit eine Schwelle überschritten, die sie vor dem Zurücksinken in den Ausgangszustand bewahrt. Das Blatt fängt die fallenden Tropfen auf und leitet sie „in des Kelches Grund", in den Schoß des Grals, in den Schoß von Mutter Erde ...

Figur 1: Umschreiten des Platzes in Sonnenlaufrichtung. Die Paare führen einander an der Hand.

Figur 2: Einbiegen nach rechts und halbieren des Platzes. Am Ende des Platzes angekommen, trennen sich die Paare, die Männer nach links, die Frauen nach rechts, und umschreiten den Platz.

Figur 3: Die beiden Reihen begegnen sich und gehen aneinander vorbei. Diese Figur zweimal schreiten.

Figur 4: Die Paare vereinigen sich wieder an der unteren Kante und trennen sich an der oberen. Dabei schwenkt das erste Paar links, das zweite Paar rechts ein, usw.

Figur 5: Die Reihen gehen aufeinander zu, die von rechts kommenden Paare bilden ein Tor, die von links kommenden Paare ziehen drunter durch. Die Figur wiederholt sich dann gegengleich.

Figur 6: Wie Figur 5, jedoch bilden die Paare der rechten Reihe kein Tor, sondern eine Gasse. Danach wieder in einer Reihe gruppieren.

Figur 7: Der Anführer schwenkt spiralförmig in mehreren Umgängen zur Schnecke ein, durchschreitet den Mittelpunkt und schreitet aus der Schnecke wieder heraus.

Figur 8: Wie Figur 7, jedoch gibt der Anführer, sobald der Mittelpunkt erreicht ist, ein Kommando und zieht die Schlange unter dem Tor der Tänzer nach außen.

Figur 9: Die Schlange wird in eine Paarreihe aufgelöst, der Umgang geht gegen die Sonne.

Figur 10: Das erste Paar bleibt stehen und bildet ein Tor, das zweite hüpft, tanzt oder schreitet drunter durch und stellt sich dahinter ebenso auf. Das erste Paar schließt sich dem letzten Paar an und rollt die Gasse somit wieder auf.

Figur 11: Die Paare schreiten eine Kreisbahn gegen die Sonne.

Figur 12: Die Paare tanzen paarweise sich drehend auf der Kreisbahn.

Figur 13: Die Tänzer und Tänzerinnen fassen einander an den Händen und hüpfen, laufen oder schreiten eine oder mehrere Kreisbahnen mit der Sonne. Diese Figur ist gleichzeitig der Schlußkreis des Tanzes. Das Brautpaar tanzt in der Mitte des Sonnenkreises.

...Bursch, sei gscheit, greif eine Maid...

Symboltanz

Religionen im Widerspruch?

Naturreligion ist unaggressiv und missioniert nicht, sondern wird aufgrund der spezifischen Rahmenbedingungen je Ort und Zeit individuell ausgeformt und ausgelebt. Deshalb ist natürliche Religion genauso bunt und vielfältig wie die Natur selbst. In der germanischen Tradition z. B. gibt es eine Vielzahl von Göttern, Naturgeistern und anderen Wesenheiten als Symbole für die Kräfte, die die Welt bewegen, für die verschiedenen Facetten des Lebens. Die Wicca-Bewegung fokussiert auf „Den Gott" und „Die Göttin", wissend um die ewige Dualität allen Seins, das Prinzip der sich ergänzenden Gegensätze. Wieder andere verehren einzelne Menschen, Tiere oder Dinge als Spiegel und Sprachrohr göttlicher Natur. Diese Unterschiede führen wir auf geographische, klimatische oder historische Gegebenheiten sowie auf simple Zufälle zurück, die den jeweiligen Volkscharakter und damit seine Religion bestimmen.

Das Aufeinandertreffen solcher natürlichen Religionen führt selten zu Problemen, solange ein Gott oder die Götter als Archetypen aufgefaßt werden, also als personifizierte und vereinfachte Symbole für das göttliche Wirken im Menschen selbst so wie in jedem Ding. Götter sind gleichsam visualisierte „Vehikel" der eigenen Sinnsuche und ehrfürchtige Annäherungen an das Unbegreifliche, an den „Großen Beweger", an die „Letzte Frage". Götter sind auch Sinnbilder für das Überdauernde und das eigene Aufgehobensein im Großen Ganzen und damit ein greif- oder zumindest vorstellbares Medium der menschlichen Gebete. In diesem Konsens können sich Menschen aller Rassen und Kulturen mit Respekt und Hochachtung begegnen, wissend um das gemeinsame Fundament von „Mutter Erde" und „Vater Sonne" und die regionale Verwurzelung der unterschiedlichen Gott-Metaphern und Rituale.

Schwierigkeiten treten auf, wenn Geister und Götter nicht mehr als Methapher, sondern als physische Realität angenommen werden. In solch kleingeistigem Wortglauben schließen sich die Religionen bereits logisch gegenseitig aus, bieten daher Anlaß zu ständigem Streit.

Nun sollte man meinen, eine Freundschaft, Liebe oder gar Heirat zwischen Wort- und Natur-Gläubigen sei allein von daher einseitig unmöglich, aber glücklicherweise herrscht eben nicht nur das menschliche Denken über die Dinge, vielmehr setzt bei den meisten Menschen die natürliche Vernunft / die vernünftige Natur sich letztlich durch. Es obsiegt das wahre Menschentum, die Freude am anderen, der Aufbau, die Liebe, die Hingabe...

... der platz an der jupitersäule im taunus,
wo die heidnische hochzeit stattfand ...
sonnenkind
[evangelisch]
&
gardenstone
[asatru]

Ein schönes Beispiel für das Urvertrauen, für die Überlegenheit natürlicher Liebe vor allen anderen künstlichen Geisteshaltungen, ist die Heirat von „Sonnenkind" und „GardenStone": Sie ist überzeugte Christin, er denkt in der Tradition der Asatru, und doch haben beide sich gefunden und haben den Weg vor den Traualtar angetreten - genaugenommen: vor zwei Traualtare, denn es gab auch zwei Trauungen, für jede Religion eine eigene Zeremonie. Wir fragen beide nach ihren Beweggründen für diesen ungewöhnlichen Schritt.

Gespräch mit Sonnenkind:

Sonnenkind, Du hast Dir als Pseudonym den „heidnischsten" Namen ausgesucht, den man sich überhaupt nur vorstellen kann. Christliche Namen lauten übersetzt ja meistens „Der dem Herrn die Ehre erweist" oder „Die im frommen Geiste Erzogene" oder ähnlich - ist das bereits ein erstes Zugeständnis an Deinen naturreligiösen Ehemann?

Nein, ich bin Christin, seit meinem 13. Lebensjahr, und zwar nicht „nur so", sondern im vollen Wortlaut des Glaubensbekenntnisses als Basis meines gesamten Lebens. Warum mir dann ausgerechnet ein heidnischer Mann ans Herz gelegt wurde, weiß ich nicht, es hilft auch nichts, herumzudeuteln, wir mußten uns arrangieren.

Wie habt Ihr Eure Hochzeit gefeiert?

Als wir beschlossen zu heiraten, beschlossen wir, für jede unserer Religionen eine Zeremonie durchzuführen. Es gab deshalb am Samstag nachmittag eine traditionelle evangelische Trauung mit der ganzen Hochzeitsgesellschaft, also auch allen Nichtchristen. An demselben Abend war dann gleichfalls für alle ein Asatru-Ritual im Wald.

Ein solches Arrangement ist ja alles andere als alltäglich - welche Schwierigkeiten gab es?

Nun, sicher haben einige unserer Freunde geschluckt, als sie erfuhren, daß sie mit in einen christlichen Gottesdienst sollten. Und ich als Christin mußte mir auch überlegen, ob ich mich darauf einlassen kann. Aber vielleicht stehen ja auch andere Paare vor diesem Problem, vielleicht kann denen unser Beispiel ja helfen.

Das erste der christlichen Zehn Gebote heißt: „Ich bin der Herr, dein Gott, der dich aus der Knechtschaft geführt hat; du sollst keine anderen Götter haben neben mir". Kann man mit einem solchen Gesetz an einer Asatru-Zeremonie teilnehmen?

... es wird in Frankfurt in der evangelischen Kirche geheiratet ...

... Beim Hineingehen in die Kirche werden nach altem Brauch Blumen gestreut ...

Für mich bedeutet die Teilnahme an einem Gottesdienst nicht unbedingt, daß man die dabei verehrten Götter oder den dabei verehrten Gott auch anbetet. So wie ein Staatsmann, wenn er anläßlich eines Staatsbesuchs an einer religiösen Zeremonie des Gastlandes teilnimmt, nicht automatisch zum Hindu, Buddhisten oder Katholiken wird, sondern lediglich ausdrückt, daß er der anderen Religion Achtung erweist. So kann man auch im privaten Bereich durch die Teilnahme an einem Ritual Achtung erweisen, ohne dabei den eigenen Glauben zu verraten. Anbetung geschieht ja in erster Linie mit Geist und Herz, und darüber behält man die Verfügungsgewalt, wenn vorher abgesprochen ist, daß niemand zu Handlungen gezwungen wird, die er vor seinem Glauben nicht verantworten kann.

Wie stehst Du zu den anderen Religionen? Ist der christliche Glaube etwas Besonderes?

In Kürze gesagt ist meine Auffassung, daß ein christlicher Glaube nichts ist, was ein Mensch von sich aus wollen kann. Glaube ist ein Geschenk, ein unverdientes, und es steht mir kein Recht zu, über die zu urteilen, denen dieses Geschenk nicht gemacht wurde. Im Gegenteil, ich müßte mit Gott um jeden Mitmenschen hadern, den er nicht mit dem christlichen Glauben beschenkt hat. Nur - man kann mit Gott nicht streiten. Gott steht außerhalb unserer menschlichen Bezüge, und außerhalb unseres Bewertungssystems. So wie Parallelen im Unendlichen zusammenlaufen, so sind Gut und Böse in Gott eins. Er schenkt den Glauben und den Unglauben, er schenkt die spirituelle Begegnung mit Jesus Christus und er verweigert sie.

... eine ganz „normale“ Hochzeit also: bis jetzt ...

Das klingt aber sehr „exklusiv“, ein bißchen wie: Man hat eben Pech gehabt, daß man kein Christ ist. Siehst Du die „Andersgläubigen“ denn nicht auf der gleichen Stufe?

Gegenüber dem Göttlichen sind Menschen einfach Menschen, da gibt es keine Stufen. Und es gibt Menschen, die keinen christlichen Glauben haben und deshalb eine andere Form von Religion - religio - suchen. Ob sie dann einen oder mehrere Götter anbeten, ist nach meiner Auffassung nicht wirklich relevant. Letztlich ist jeder Gott, den wir anbeten, ein Spiegel unserer Erfahrungen, die wir zu etwas zusammensetzen, dem wir das Attribut „göttlich“ geben. Ob wir dabei hinter dem Spiegel eine einzige Entität sehen, oder ob wir verschiedenen Aspekten unterschiedliche Namen und Persönlichkeiten zuordnen, ist letztendlich nicht entscheidend. Das Göttliche selbst ist jedenfalls für Menschen nicht faßbar; sonst wäre es nicht göttlich.

Wie bewertest Du im Nachhinein Euer Vorgehen?

Mir war es wichtig, daß unsere Ehe von dem, was ich als Gott erfahren habe, gesegnet wird. Meinem Mann war wichtig, daß unsere Ehe von seinen Göttern gesegnet wird. Und so ist es. Daß dies so funktionieren konnte, lag auch an den beteiligten Priestern, die sich mit Respekt und Achtung vor der jeweils anderen Religion begegnet sind. Ihnen gilt unser besonderer Dank. Unser Trauspruch lautete übrigens: „Denn ER hat seinen Engeln befohlen über dir, daß sie dich behüten, auf allen deinen Wegen.“ Und den hat ER seitdem gehalten.

Was kannst Du abschließend noch den Paaren mit auf den Weg geben, die vor einem ähnlichen Problem stehen, und Angst haben, dabei äußere Regeln zu brechen?

Alle christlichen Vorschriften über Gottesdienst sind von Menschen gemacht; aber unser Gott ist keiner, der sich von Menschen vorschreiben läßt, wie er verehrt werden soll.

... umkreist von Gästen steht ein Paar vor dem heidnischen Altar ...

Gespräch mit GardenStone:

GardenStone, wie siehst Du das Problem grundsätzlich?

> Als wir heirateten, wollte meine Frau den Segen ihres Gottes haben, und ich den Segen meiner Götter. Da das nicht in einer Zeremonie untergebracht werden konnte, waren zwei religiöse Heiratszeremonien fällig. So einfach ist das.

Und Du hattest keine Probleme mit einer christlichen Hochzeit?

> Ich hatte damit keine Probleme, weil meine Götter die auch nicht haben. Mein Status als Verehrer und Diener der germanischen Gottheiten änderte sich nicht, und die Götter... - ach, es würde mich gar nicht wundern, wenn meine Götter mit den Gottheiten anderer Glauben auch mal zusammen grillen oder in Urlaub auf irgendwelche himmlischen Kanaren ziehen.

Wir erkennen die Weisheit in Deinen Worten und schließen uns Deinem versöhnlichen Schlußwort gerne an.

… und geht - ein zweites mal getraut - seiner Wege …

Kurzinfo Asatru

Mit dem modernen Begriff „Asatru" (Asenglaube) wird die neuheidnische Wiederbelebung der germanischen Religion bezeichnet. Dabei bezieht man sich auf die vorchristlichen Traditionen Europas; der geschichtlich relevante Rahmen ist das erste Jahrtausend vor und nach der Zeitenwende.

Asatru ist eine naturnahe, polytheistische Religion mit einer Vielzahl von archetypischen Gottheiten, die sich in zwei Sippen aufteilen: die Vanen, Fruchtbarkeitsgottheiten (Freyr, Freya …), und die eher mit Macht und Stärke verbundenen Asen (Odin/Wotan, Thor/Donar, …). Neben den Göttern gibt es eine Vielzahl von Wesenheiten (Riesen, Zwerge, Elfen …), denen in der Regel keine oder nur geringe kultische Bedeutung zukommt.

Literarische Quellen wie die Edda liefern mit ihrer Schilderung der germanischen Mythologie die Grundlage für Asatru: Von der Entstehung des ersten Lebens in der Urschlucht Ginnungagap, über die Erschaffung der Welt, der Götter und Menschen, hin zum Endkampf und Untergang der Götter in den Ragnarök und schließlich zum Entstehen einer neuen Welt aus den Trümmern der alten.

Asatruar, die ihre Gruppen manchmal als „Sippen" bezeichnen, feiern traditionell die vier Jahreskreisfeste Jul, Ostara, Mittsommer und Erntedank mit Riten, die Blot (Opferritual) genannt werden. Opfern meint Anrufungen der Gottheiten in Verbindung mit einer symbolischen Gabe (meist Speisen) und reflektiert die Auffassung von einem eher partnerschaftlichen Treueverhältnis zwischen Menschen und Göttern. Dann gehören dazu die dem Schamanismus ähnelnde Seidhr-Magie, Runenmagie und -weissagung sowie Formen der Visionssuche.

Im ethischen Bereich werden als erstrebenswerte Grundtugenden u.a. Eigenverantwortung, Aufrichtigkeit, Ehre, Treue, Mäßigung, Disziplin, Gastfreundschaft, Geschäftigkeit, Standhaftigkeit Humor, Pragmatismus und der Sippengedanke betont sowie in philosophischer Hinsicht das Denken in Kreisläufen.

Auf Island hat Asatru inzwischen den Status einer staatlich anerkannten Religion; größere germanisch-heidnische Vereinigungen gibt es in verschiedenen Ländern.

Quelle: Stilkam

armanische hochzeit

einzug des brautpaares und der gäste ...

Ansprache an das Brautpaar

„Liebes Brautpaar, so mancher Tag ist zum Heiraten geeignet. Besonders aber der Freitag, dessen Name sich von Freya, der Göttin der Liebe herleitet. Noch dazu hat heute der Wonnemond begonnen. Kein Tag könnte also für dieses Fest geeigneter sein."

„Nach alt-armanischer Überlieferung ist jeder Einzelne, ob Mann oder Frau, nur die Hälfte eines ursprünglich doppelgeschlechtlichen Wesens, eines göttlichen Geschöpfes, das sich später zweiteilte. Damit wurde der Mensch zu einem Einzelwesen, dessen lebenslanges Hauptverlangen nun in der Suche nach und Wiedervereinigung mit seiner zweiten Hälfte zu einem ganzheitlichen und damit glücklichen Vollmenschen besteht."

... ansprache an das brautpaar ...

... unsere unterarme werden mit einem blauen band umwunden als symbol für die verbindung, die wir eingehen wollen. der gode ruft den segen der götter herab ...

„Aus diesem Grund war bei unseren Vorfahren nur ein verheirateter, in rechter Ehe lebender Mensch wahl- und stimmberechtigt. Einer alten Weisheitsformel entsprechend, war die Ehe schon immer die „Rauhwurzel", das heißt die Rechts-Wurzel der Germanen. Auf ihr war das gesamte Leben der Gemeinschaft aufgebaut."

„Treu sollt Ihr sein – doch was heißt das? Im armanischen Sinne wird die Treue auf „Dreie" zurückgeführt. Denn alle drei Seins-Ebenen müssen zusammenpassen - die geistige, die seelische und die körperliche. Nur dann ist die eheliche „Dreie" gegeben, nur dann ist Treue möglich, weil die Partner sich auf Dauer selbst genügen. Denkt daran und arbeitet daran!"

„Die Ehe bedeutet nicht nur Rechte zu halbieren und Pflichten zu verdoppeln, sondern auch Leiden zu halbieren, und Freuden zu verdoppeln."

„Die Verschmelzung der Geschlechter ist die eindrucksvollste Art von Gottesdienst. Die Frucht der Liebe läßt unsere Jugend und die Augenblicke höchsten Glücks unsterblich werden."

... nach dem Ringtausch ...

... ganz gleich in welcher tradition -
keine hochzeit ohne kuss ...

„Ihr bittet heute auch Eure Eltern und Verwandten um ihren Segen. Eure Heirat ist auch Sache Eurer Sippen. Die Brauteltern werden gemeinsame Enkel haben. Achtet dieses starke Band und unterstützt Euch in der Familie nach Kräften. Folgt dem alten Wissen, dann werdet Ihr eine lange und glückliche Ehe führen. Das wünschen wir alle Euch von Herzen."

... zum abschluss pflanzen wir gemeinsam eine eiche.

Hohe
Maien

Hochzeit im Wandervogelbund

Hohe Maien

Der Wonnemond - Mai - ist wie kein anderer Zeit des Aufbruchs, des Wachstums. „Mai" bedeutet „jung". Der Frühling rauscht in seiner ganzen Pracht über das Land, die sprichwörtlichen Bäume schlagen aus. Es ist die Zeit der Feiern und Feste, der ungetrübten Lebensfreude, wir tanzen in den Mai. Begonnen hat der Wonnemond mit dem Beltane-Fest, Walpurgisnacht, der Hohen Maien. Die „Hexennacht" ist auch die Nacht der Liebe und der Blumen (Valentinstag). Von Süddeutschland bis hin nach Skandinavien flattern bunte Bänder und Kränze an den Maibäumen, wie die Weihnachtsbäume Sinnbilder des Lebensbaumes. Mai-Zeit ist Vermählungszeit, Zeit der Verbundenheit alles Lebendigen, alles Gewachsenen, welches sich nun zu größter Schönheit entfaltet. Es ist die Vereinigung von Himmel und Erde, von Gottheit und Mensch. Und es ist die Zeit der Wandervögel, einer kleinen Gruppe aktiver Menschen, die ihre Freizeit am liebsten wandernd und musizierend im Kreise ihrer Kameraden draußen in der freien Natur verbringen. Wenn solch ein „Vogelpärchen" nun beschließt, den weiteren Lebensweg gemeinsam zurückzulegen und sich das Ja-Wort zu geben, welcher andere Monat käme in Frage als der Mai - der Wonnemond?

Die Anfangsbuchstaben der Vornamen des Hochzeitspaares begleiten als Runen, geschlagen aus Birkenstämmchen, die Zeremonie. Über allem thront die Hagal-Rune als Fahne, die Mutter aller Runen, Urkeim, kristallisierte Macht, Struktur der Welt. Die Runen sind magisches Werkzeug der natürlichen Religion, Runenarbeit ist Gottesdienst und Meditation. Jede Rune ist Sinnzeichen und Repräsentant eines höheren Konzepts - sie wirkt persönlich und individuell und setzt unsere eigenen kreativen Energien frei.

Das Ehe-Gelöbnis unter dem Blütenbogen, inmitten des prächtigen Buchenwaldes. Alles deutet auf Ewigkeit: Das Halbrund des Bogens, das Band der Liebe, der Kreis der Zuschauer, die Ringe. Mächtige Symbole, eingebettet in Natur, zeugen von einem großen Versprechen.

das opfer
in die lodernden flammen leg' ich das eigene herz.
leise zuckt es zusammen wie von schmerz.
aber mit einem ergreift es die durchläuternde flut.
und zur flamme selbst reift es und zur glut.

[W. Vesper]

Altar und Opfer

Der Hochzeitsaltar im Wald, auf ihm steht der Familienleuchter. Die Fackeln verbreiten eine würdige Atmosphäre. Die Zuschauer verharren bei der Weihe des Platzes in ehrfürchtigem Abstand, kein unnatürlicher Laut stört die Feierlichkeit des Augenblicks. Das Wort „Altar" kommt von lat. „altus" bzw. „altare" und bedeutet soviel wie „hoher Opfertisch". Ihm zur Seite steht die Flammenschale, bereit, symbolische Opfergaben zu empfangen. Jede Hochzeit ist auch Opfer, denn jeder gibt ein Stück von sich. Und doch wachsen beide, das Ganze ergibt mehr als die Summe seiner Teile. „Ich gebe, damit Du geben kannst" - dies ist der tiefere Sinn des Opfers. Beraubt man es dieses metaphysischen Gehaltes, so ist es nur noch ein nutzloser Aberglaube.

Der Hochzeitsbogen

Die Lichtung im Buchenwäldchen bietet die natürliche Kulisse für die anstehende Feier. Ein prächtiger Blütenbogen gibt den Eingang zum Festplatz frei, der durch Fackeln und Blütenblätter kreisförmig eingefriedet ist. Dieser Hochzeitsbogen vereinigt alle wesentlichen Natursymbole in einem - Fruchtbarkeit, Licht und neues Leben. Sein Halbkreis ist Symbol des Sonnenlaufs und zugleich der Lebensrute, natürlicher Metapher für unser Wissen um den ewigen Kreis. Wer den Blütenbogen durchschreitet, der nimmt die Lebenskraft der Knospen und Triebe in sich auf - zumindest, wer sich dem Ritual zu öffnen weiß.

Bereits die Anfahrt ist ein Erlebnis. Der Hochzeitszug mit Pferden und Wagen kommt nur langsam voran, doch das stört niemanden. Mensch und Tier vereinen sich zu einer feierlichen Prozession, das Brautpaar thront auf einer Kutsche. Die Vorfreude auf das bevorstehende Ereignis läßt keinen unbeeindruckt. Die Luft ist erfüllt von sommerlichen Düften, und die Wanderer genießen die milde Wärme. Hektik und Gewöhnlichkeit des Alltags sind jetzt ganz weit weg, als die Hochzeitsgesellschaft schließlich auf dem Thingplatz ankommt. Alle schwelgen in der Besonderheit des Augenblickes. Raum und Zeit verschwimmen, bis schließlich der Kultleiter die Zeremonie eröffnet:

die hochzeit im wald

„Für einen Atemzug nur scheint der Lauf der Zeit still zu stehen, wenn sich zwei Menschen zueinander bekennen."

„Die Flammen eurer jungen Herzen wollen gut geschüret sein. Achtet sorgsam darauf, daß die Glut sich erhält und jeder Windstoß des Lebens das Feuer eurer Liebe neu entfacht."

... ich verspreche dir, dein Gefährte zu sein auf dem Weg unseres Lebens und werde dir meine ganze Liebe, Kraft und Unterstützung geben, bis der Tod uns voneinander trennt ...

„Dieser Ring hat weder Anfang noch Ende, er ist das Sinnbild der Ewigkeit. Von nun an werdet Ihr, wohin Euch der Weg auch führen wird, stets am Anfang sein und stets am Ende, stets in der Treue Eures Gelöbnisses."

die Blüten werden zu asche ...

Austausch des Brautkranzes

„Der Blütenkranz steht für die Jugend dieser Braut, wie auch für die Jugend dieser Liebe. Der Blüten Frische und ihrer Schönheit Glanz strahlen in den Augen des Paares! Der immergrüne Kranz steht für das Frauenhafte dieser Braut, wie auch für die Beständigkeit dieser Liebe. Des Kranzes Grün und seiner Schlichtheit Wert leben in den Herzen des Paares!

So fügt sich in den Wandel der Zeit das, was von zwei Herzen begonnen. Der Weg der Liebe - an seinem Anfang steht die Jugend - an seinem Ende die Beständigkeit..."

Der Bräutigam nimmt den Blütenkranz der Braut und übergibt ihn dem Feuer: „Die Blüten werden zu Asche..."

Der Bräutigam empfängt vom Kultleiter den grünen Kranz und gibt ihn der Braut: „Das Grün währet ein Leben lang!"

... das grün währet ein leben lang!

„Du begibst dich in gute Hände, denn sein Herz ist eine feste Burg, seine Arme sind stark, und sein Wille wird die Stürme des Lebens bändigen. Sei eine gute Frau, eine geduldige Frau und eine liebende Mutter, und er wird Dich glücklich machen."

die ehe ist der hort gemeinsamen blutes,
das tor der unsterblichkeit.
ehe: so heisse ich den willen,
zu zweien das eine zu schaffen,
das mehr ist, als die, die es schufen.
ehrfurcht voreinander nenne ich ehe,
als vor den wollenden eines solchen willens.
heilig heisst mir solch ein wille und solche ehe.

(frei nach friedrich nietzsche)

… das methorn wird gereicht …

Entzünden des Familienleuchters

„Das Feuer geht von Hand zu Hand. Wenn der Tod es dem einen entreißt, greift es der Nächste schon auf. Schnell vergeht die Zeit und keiner fragt, wie lange denn ein jeder das Feuer trägt. Von Bedeutung ist nur, daß es brennt und lodert. Rein und hell und daß ein Herz mit ihm brenne - darauf kommt es an. Also sollt ihr es in euch tragen, das Feuer, zu weitgesteckten Zielen, zusammen ein Stück Weg lang. Möge es hell leuchten! Denn im Dunkel, vor euch, da warten schon die anderen."

... jede Sippe hat Heimaterde mitgebracht, in die der Baum eingepflanzt wird ...

Regenbogen hochzeit

auf Bali

Zwei Paare haben sich gefunden, um in tantrischer Tradition ein außergewöhnliches Hochzeitsritual zu begehen.

Die Doppelhochzeit ist Abschluß einer unvergeßlichen und lehrreichen Woche, denn Gaia, die Erdmutter, hat den Wißbegierigen so manches Geheimnis preisgegeben.

Der Hochzeitstempel wird mit den schönsten balinesischen Tüchern geschmückt. Die Gäste teilen sich in vier Gruppen und symbolisieren in kleinen Rollenspielen und Ritualen die vier Elemente.

... alten Geschichten lauschen ...

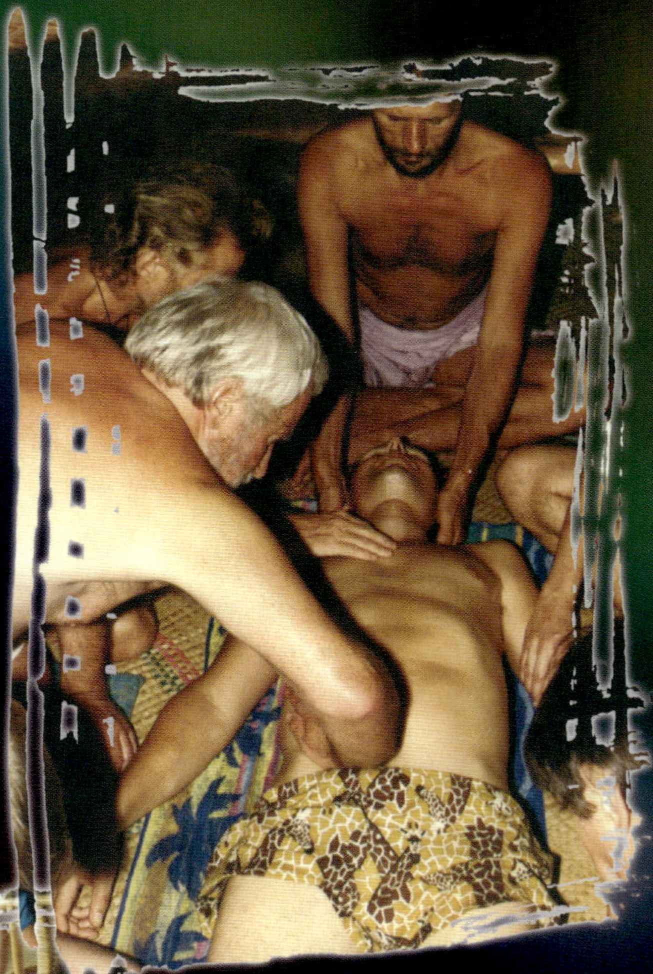

... Berührung ...

... und Farbe ...

Am frühen Nachmittag trennen sich die Frauen und Männer, um die Hochzeitspaare mit Massagen völlig zu entspannen und ihre Sinne zu öffnen für die bevorstehende Zeremonie. Dazu wird aphrodisierender Tee gereicht. Die Berührung durch die vielen Hände wird so ganz sinnlich erlebt, und jeder erfährt intuitiv den positiven Kraftfluß durch Hingabe und Vertrauen sowie seine persönlichen „Chakren", also Energiepunkte.

Danach werden Braut und Bräutigam durch eine besondere Bemalung auf das Fest vorbereitet. Die verschiedenen Ranken und Linien am ganzen Körper haben jede eine eigene Bedeutung: Naturbilder, Schutzmotive oder ganz persönliche Konturen, welche die Träger für außergewöhnliche Bewußtseinszustände öffnen sollen. Die Bräute werden zusätzlich mit balinesischen Blütenkränzen geschmückt.

... zeit der öffnung ...

... der tanz der winde ...

... mit allen wassern gewaschen ...

... zeit der elemente ...

Gegen Abend begegnen sich die Paare zum ersten Mal wieder. Ein ausgedehntes Vermählungsritual beginnt, zunächst im Angesicht der Elemente:

Erde: Jedes Brautpaar schafft ein gemeinsames Mandala aus Naturmaterialien als Symbol und Fundament für ihr gemeinsames Leben in Zukunft.

Wasser: Die Paare werden rituell gewaschen und mit duftenden Ölen und Essenzen eingerieben, auch für einen guten Fluß in ihren Gefühlen.

Feuer: Beide Partner demonstrieren ihre Entschlossenheit mit einem Feuerlauf, oder mit dem gemeinsamen Gang über eine Feuerschale.

Luft: Der wilde Tanz mit Tüchern symbolisiert die Winde der Wandlung, die während des Hochzeitsfestes besonders für das Brautpaar wehen.

... ein mandala legen ...

... verheiratet ...

... im Kreis der Kraft ...

... wollt ihr euch Mann und Frau sein, bis dass die Kraft euch scheidet ...

Die Liebenden geben sich das Ja-Wort unter dem Klang der Trommeln. Der Zeremoniemeister überschüttet die Paare mit farbigem Reis, Symbol für Wohlstand und Glück. Dieser Augenblick bleibt für beide unvergeßlich und führt sie auch später noch sicher durch stürmische Zeiten.

Alle formieren sich im Kreis und nehmen die Brautpaare in ihre Mitte. Uralte vedische Mantren und Kraftgesänge schaffen eine monumentale und hochfrequente Atmosphäre. Die alte Erinnerung an Gott und Göttin in uns allen und vor allem in den Hochzeitspaaren werden heraufbeschworen. Shiva und Shakti, die Urkräfte des Männlichen und des Weiblichen sollen sich in Bräutigam und Braut inkorporieren.

... tanz der shaktis für die shivas ...

In der Zwischenzeit ist die tropische Nacht hereingebrochen, schwerer Blütenduft hängt in der Luft, man spürt die Anwesenheit der göttlichen Kraft. Die „Shivas" machen den Anfang und tanzen für ihre „Shaktis". Dann betören die Bräute ihre neuen Gatten mit einem Solotanz, angefeuert durch die Hochzeitsgäste. Auch für die anwesenden Balinesen ist diese Zeremonie ein großes Ereignis, eine Begegnung der Kulturen, an der sie viel Freude haben.

... shiva tanzt für shakti ...

... sich gegenseitig füttern ...

Ein wunderbares Festessen wird serviert, mit Fisch, eingewickelt in Bananenblätter und dekoriert mit frischen Hibiskus- und Frangipaniblüten, dazu Reis, tropische Früchte und Salate. Zum Ende werden die mit viel Liebe gebackenen Hochzeitstorten aufgetragen.

... das balinesische Festmahl ...

Hochzeitsfeier

Der Platz liegt verwunschen mitten im Wald. Nur wenige wissen noch vom alten Kreuz, keiner vermag die geritzten Runen zu deuten. Nur die Alten im Dorf kennen noch die Sagen und Märchen, die sich um diesen Ort ranken. Die Hochzeitsgesellschaft muß einen längeren Fußmarsch in Kauf nehmen, doch dies verschafft den Helfern Zeit, den Platz vorzubereiten. Vor dem Hochzeitsbogen stehen beidseitig hölzerne Schüsseln Quellwasser, in denen Rosenblüten schwimmen, und irdene Schalen mit Räucherwerk (Weißer Salbei, Beifuß oder Wacholderholz). So hält vor dem Betreten des Zeremonialplatzes jeder nach eigenem Gutdünken Zwiesprache mit den Elementen und stimmt sich ein.

auf einem alten Kultplatz

Für das Trankopfer wird das Horn mit Met gefüllt. Nach dem Brautpaar trinken die Eltern, dann reicht der Zeremonienleiter das Horn im Kreis. Den letzten Schluck bieten wir den Wesenheiten des Ortes dar, sowie auch den Ahnen und den Kommenden.

So schließt die Hochzeitsgesellschaft an diesem Tag nicht nur den Kreis der Lebenden, sondern reicht die Hände auch den Verstorbenen und den noch nicht Geborenen wie auch den nichtmenschlichen Wesen.

Hier stehen nicht zwei Menschen allein, hier drängt es aus dem Gestern ins Morgen - an diesem Ort und zu dieser Stunde webt sich aus den Liebenden, den Familien, der Sippe und dem Clan das starke Band der Ewigkeit: Heimat!

Ballett der Stammhalter

Highlandgames im Flachland sind eine beliebte Möglichkeit, Männern Bewegung und Frischluft zu verschaffen. Hierbei zählen nicht - wie im richtigen Leben auch - die erzielten Wurfweiten, sondern die Kür der Techniken („Weg-Du-Plöder-Paum") und der Ausreden („Huch, jetzte issa mir entglitten"). Am Ende bleibt da nur die Frage: „Du Mama, wieviel Zacken hat eigentlich so eine Krone der Schöpfung?"

Das Forstamt genehmigt die Nutzung der Waldlichtung, auf der schon eine Feuerstelle eingerichtet ist. Und wenn der Tätowierer und die piercende Medizinstudentin zu einem Fest laden, kommt da eine Menge illustres Volk zusammen. Jeder bringt sich ein: der Bäcker bringt Brot mit, der Getränkehändler das Bier, der Metzgergeselle das Spanferkel. Dann noch drei große Käselaiber, ein Riesenfaß Sauerkraut und ein halbes Dutzend Gitarren. Fertig ist die Stimmung!

Die Getränke werden im Horn kredenzt, die Teller frisch von einem Fichtenstamm gesägt und nach Nutzung dem Feuer übergeben. Kein Brautstehlen, keine Handys, kein technischer Firlefanz. So bleibt, als um 22.00 Uhr der Platz vereinbarungsgemäß geräumt und der Rückweg durch den Wald zu den Autos angetreten werden muß, wenig Müll aber umso mehr Erinnerung an einen schönen Tag im Leben.

schwitzhütten

Braut und Bräutigam sind nackt, genau wie die Trauzeugen und die besten Freunde. Alle drehen sich im Kreis um ein gewaltiges Hochzeitsfeuer, in dessen Mitte um die vierzig große Steine bereits seit Stunden glühen. Die Sonne ist vor vielen Stunden untergegangen, die Frühlingsnacht ist mild und trocken. Durch die vorangegangene Feier und die Stunden der gemeinsamen Vorbereitung scheint der Alltag Jahre entfernt zu sein. Nach der standesamtlichen Trauung am Mittag hat die Gruppe den ganzen Nachmittag mit Holz schleppen, Steine stapeln, Decken schichten, Kräuter sammeln usw. verbracht, und die letzten Stunden am Feuer sind bei Gesang und Sinnspielen wie im Fluge vergangen.

... für alle meine verwandten ...

Jetzt ist es endlich soweit: Als der Kultleiter das Zeichen gibt, schlüpft einer nach dem anderen durch den schmalen Eingang in die Geborgenheit der kleinen runden Hütte, gleichsam Sinnbild des Erdschoßes, der alles aufnimmt, wandelt und wieder neu hervorbringt. Und dann kommt der „Samen" von „Vater Sonne" hinzu, die ersten heißen Steine, die knisternd in dem kreisrunden Loch mitten zwischen den Sitzenden verschwinden und der Hütte mit ihrem roten Glühen eine zusätzlich heilige Atmosphäre verleihen. Wohlige Wärme breitet sich aus, in der Luft liegt der schwere Geruch der Rosenblätter, mit denen der Boden reichlich bedeckt ist. Von der Decke hängen feierlich die Hochzeitskränze des Brautpaares im roten Widerstrahl der Steine. Dann ein lautes Zischen, der Kultleiter hat das erste Wasser auf die Glut geschüttet. Kelle um Kelle folgt, bis Wasserdampf die Hütte füllt, so dicht, daß man ihn fast greifen kann. Begleitet vom Gesang, von Trommeln und von beschwörenden Worten taucht alles ein in die ganze Körperlichkeit des Rituals. Und immer wieder werden getrocknete Kräuter und Rosmarin auf die frischen Steine gestreut, jeder einzelne von ihnen wird begrüßt und willkommen geheißen, und ein jedes Mal antworten die Elemente mit einem kurzen Blitzen und Zischen, bevor sich säuselnder Rauch mitsamt den Gebeten der Teilnehmer vom Boden löst und gen Himmel steigt. Vier Runden

hochzeit

nach unseren vorstellungen

hat jeder von uns seinen eigenen geist.

deshalb ist jeder von uns anders.

in eurer demokratie redet ihr über uns,

als ob wir alle den gleichen weg gehen und

das gleiche gebet lesen würden.

wenn ihr in eure kirche geht, lest ihr alle dasselbe gebet,
das irgendein anderer geschaffen hat.

auf unserem spirituellen weg musst du

dein eigenes gebet sprechen;

du nimmst nicht einfach mein gebet,

denn das wäre mir gegenüber respektlos.

es müssen deine eigenen worte,

deine gedanken und gefühle sein,

die du in dein gebet aufnimmst.

wir lesen nicht die heiligen schriften eines anderen

und sagen: „so steht es geschrieben."

[slow turtle]

lang erstreckt sich das Ritual, über das Ankommen und das Loslassen, über die guten Wünsche und Bitten, bis hin zum Höhepunkt der Zeremonie mit der alles entscheidenden Frage, dem Treueschwur und dem Tausch der Ringe. Heraus tritt - mehr als zwei Stunden später - ein erschöpftes, aber glückliches Paar mit seinen Gästen, um eine gemeinsame und unvergeßliche Erfahrung reicher.

Schwitzhütten sind eines jener universellen Rituale, die sich für alle Lebens- und Jahreskreisfeste eignen. Auch individuelle Anlässe wie Hochzeiten oder Blutsbrüderschaften werden durch eine zeremonielle Schwitzhütte erheblich aufgewertet, weil sie so nicht unter „Alltagsbewußtsein" stattfinden, sondern ganz körperlich und intensiv empfunden werden. Wann immer Abstand gewonnen, Luft geholt und innegehalten werden soll, dann greifen wir auf die Schwitzhütte zurück, die uns hilft, Kraft und Phantasie für neue Gedanken zu schöpfen.

Die Schwitzhütte selbst ist ein Iglu aus Weidenruten, die entlang der Himmelsrichtungen gebogen und mit beiden Enden in der Erde verankert werden. Zur Stabilisierung werden weitere Ruten quer eingeflochten. Danach wird die Hütte mit vielen Decken fest verschlossen bis auf einen kleinen Eingang, der aber ebenfalls zugeklappt werden kann. In der Mitte befindet sich ein kreisrundes Loch, in das dann nach und nach die glühenden Steine aus dem Feuer vor der Hütte gegeben und mit Wasser begossen werden - ähnlich wie in der Sauna, deren Vorläufer die Schwitzhütte ist. Die geschichtlichen Wurzeln der Schwitzhütte sind bei den heidnisch-naturreligiösen Völkern und traditionellen Kulturen vorchristlicher Zeit zu suchen. Immer wieder werden indianische Schwitzhütten erwähnt. Aber auch in Europa gibt es viele alte Vorbilder, z. B. berichtet Herodot von Schwitzhüttenritualen der nordischen Skythen, bei denen mit Hanf geräuchert wurde. Wesentliche Aspekte der Schwitzhütte sind die Nacktheit, die Reinigung von Körper, Seele und Geist in den Gebeten bis hin zu ekstatischen Zuständen im direkten Kontakt mit den ursprünglichen Elementen des Lebens.

Rosenhochzeit

Rosenhochzeit

Ein großer Freundeskreis des bereits Sechsundneunzigjährigen fühlt sich mit ihm glücklich über die gute Schicksalsfügung und widmet dem Paar eine kleine Zeremonie. Die herkömmlichen Titel wie Silberne, Goldene oder Diamantene Hochzeit sind längst durchschritten, wir entscheiden uns also für die „Rosenhochzeit", denn die Rose ist das universelle Symbol der Liebe in all ihren Facetten.

Musikanten geleiten den Hochzeitszug zu einem Gartentempelchen. Das Paar nimmt die geschmückten Plätze in der Mitte ein. Die Gäste bilden einen Kreis rund herum. Dem Bräutigam wird eine Schale mit einem „Verjüngungstrunk" gereicht - das am frühen Morgen geschöpfte Quellwasser mit dem Duft zarter Rosenblütenblättchen soll symbolisch Klarheit und Frische bringen, Erstarrungen auflösen und für Neues öffnen. Auch die Braut und alle Gäste genießen das besondere Getränk und begleiten die Zeremonie mit fröhlichem Gesang:

Und in dem Schneegebirge/da fließt ein Brünnlein kalt/
und wer das Brünnlein trinket/wird jung und nimmer alt.

Vor den Jubilaren steht auf einem kleinen Tisch eine schöne handgetöpferte Vase mit grünen Zweigen. Alle singen „Sah ein Knab' ein Röslein stehen", und jeder einzelne Gast schenkt der Braut eine Rose, bis sie einen wunderschönen Strauß in den Händen hält. Der Bräutigam bekommt eine Hochzeitskarte überreicht, auf die alle Gäste einen persönlichen Glückwunsch geschrieben haben, den sie auch laut vorlesen. Anschließend wünschen die Freunde dem Paar in getanzter Runde „Viel Glück und viel Segen auf all Euren Wegen". Zum Ende blasen die Musikanten zum Hochzeitswalzer, den selbstverständlich das Brautpaar eröffnet.

„Alter schützt vor Liebe nicht, aber Liebe schützt vorm Altern!"

Ehebande - ein lustiges Sinnspiel

Der gesellige Teil bei Suff und Fraß, der jedem Ritual folgt, bietet viel Anlaß zu spöttischem Treiben. Die lustigsten und geistreichsten Situationen entstehen zwar meist spontan, aber hin und wieder kann auch nachgeholfen werden. Deshalb stellen wir hier ein Sinnspiel vor, daß weder einer Einübung noch aufwendiger Gerätschaften bedarf und dessen Akteure die Brautleute selber sind. Für dieses Spiel benötigen wir zwei starke Seile oder Schnüre, die etwa zwei Meter lang sind und an beiden Enden je eine handgroße Schlaufe haben. Die beiden Seile werden über Kreuz gelegt, beide Seilenden des eines Seils in Richtung Braut, die des anderen in Richtung Bräutigam. Wenn dann die Brautleute die Schlaufen über die Handgelenke ziehen, kommen sie nicht mehr auseinander, ohne die Hände aus den Schlaufen zu nehmen, oder? Die nachfolgenden Entwirrungsversuche können, müssen aber nicht von Erfolg gekrönt sein, in jedem Fall werden sie zur Belustigung des Publikums beitragen.

Der Hochzeitsbogen

Im Kleinen wird das Blütenportal nachempfunden, durch welches das Hochzeitspaar in eine gemeinsame Zukunft schreitet. Die im Halbkreis gebogene Form ist Ewigkeits- und Fruchtbarkeitssymbol zugleich. Die Rute wird von raschwachsenden, saftigen und heilkräftigen Bäumen oder Sträuchern geschnitten wie z. B. Hasel, Birke, Flieder, Wacholder, Kirsche oder Linde. Ebenfalls aus Haselruten wird der Lebensbaum gebunden, der das Innere des Bogens füllt. Die Äste des Lebensbaumes tragen die immergrünen Zweige der Beständigkeit, der Treue und der Unsterblichkeit. Wir nehmen dafür Buchsbaum, Efeu, Tanne und Mistel. Aus dem Grün heraus ragen Kerzen sowie allerlei symbolische Gegenstände: rote Äpfel, Bänder, Sinngebäck, z. B. Sonnenräder oder bestimmte Runen und vieles mehr.

BLUTSBANDE

„Bund des Blutes

Wir sind es gewohnt, uns hauptsächlich über die Sprache mitzuteilen. Auch in Hochzeitszeremonien und -ritualen nimmt das gesprochene Wort einen wesentlichen Bestandteil ein. An dieser Stelle soll im Gegensatz dazu ein älteres, reineres, archaischeres Eheritual vorgestellt werden, das sich praktisch ausschließlich auf die symbolische Wirkung der Handlung beschränkt. Die Sprache hat in diesem Ritual nur untergeordnete Bedeutung, und diese Zurückstellung des Wortes ermöglicht es, daß dem gelebten Ritual die volle Aufmerksamkeit zugute kommt. Die Reduzierung des Rituals um den Faktor Sprache erfordert eine klare, ästhetische und leicht erfaßbare Gestaltung, eine Reinheit und Härte der Handlung, die sich deutlich abhebt vom Verspielten und Erklärten.

Diesen Zustand kann nur eines schaffen: Blut - denn was liegt näher, als die Verbindung zweier Menschen, deren Blut sich zu gleichen Teilen in ihren Kindern wiederfinden wird, durch Blut zu weihen? Was wiegt schwerer als ein mit dem eigenen Blut besiegelter Treueschwur? Die Blutsbrüderschaft der Eheleute, die in den Kindern ihre lebendige Vollendung feiert, ist eine der höchsten Stufen menschlicher Verbundenheit.

Das Ritual vollzieht sich bei völliger Ruhe und beginnt mit einer gemeinsamen Meditation der Gemeinschaft. Alle Gäste stehen dabei in einem Schutzkreis um das Brautpaar. Der äußeren Lautlosigkeit muß die Überwindung der inneren Unruhe folgen, heilige Stille und die Besinnung allein auf die Handlung. Die Ringe liegen in einem Teller, der auf einem kleinen Tisch neben den Brautleuten steht. Das Paar vollzieht schweigend den Ringwechsel und entzündet den Familienleuchter. Die Trauzeugen reichen auf je einem Kissen den Dolch und das Amulett. Der Bräutigam legt der Braut das Amulett um den Hals, die Braut überreicht dem Bräutigam den Dolch. Braut und Bräutigam entblößen ihren rechten Arm und schneiden sich, jeweils den Dolch in der Linken, mit einem beherzten Schnitt eine daumenlange Wunde in den Unterarm. Dann pressen beide aufrecht stehend die Wunden aneinander und sprechen gemeinsam einen kraftvollen Schwur in die Stille.

„Sei mit Blut geweiht, uns zu tragen in die Ewigkeit!“

Es folgt der Kuß. Danach lösen sie die Verbindung und versorgen gegenseitig die Wunden. Beide treten nun als Ehepaar in den Schutzkreis ein und beenden das Ritual mit einem gemeinsamen Lied, in dessen Verlauf sich die Spannung langsam wieder legt. Im Anschluß folgen weitere sanfte Rituale wie der Trunk aus dem Horn, das Baumpflanzen usw.

familienhochzeit

auf heimischem Grund

Die Ehe von Mann und Frau ist ein Mosaikstein in der langen Kette der Ahnen. Kinder sind Bindeglieder zwischen uralter Vergangenheit und fernster Zukunft. Aus diesen Wurzeln schöpfen die Liebenden den Sinn ihres Lebens und die Kraft, eine neue Familie, eine Nachkommenschaft, ein Geschlecht entstehen zu lassen. Dies ist Wagnis, Bestimmung und Belohnung zugleich!

Die letzten Vorbereitungen für die große Stunde laufen noch auf Hochtouren. Tische, Bänke, Essen und Getränke werden bereitet, auch Zelte, denn das Wasser-Element verstärkt seine Präsenz an diesem Tag erheblich und verheißt der jungen Ehe damit große Fruchtbarkeit. Allerlei Kultwerkzeuge liegen auf dem Altar bereit und warten auf ihren baldigen Einsatz, die Gemeinschaft wartet indes auf den Einzug der Braut. Dann ist es soweit, der Barde bläst zum Sammeln ...

„Daß wir uns hier draußen versammelt haben, hat seinen Grund: Das Brautpaar weiß um seine Wurzeln in dieser wunderbaren Natur, die uns alle hervorgebracht hat und uns auch wieder zu sich nehmen wird, und beide sind voller Vertrauen auf deren positive Möglichkeiten und Kräfte. Wir wollen daher im Namen des Brautpaares darum bitten, daß diese Kräfte hier und jetzt ganz besonders präsent sein mögen, um diesen Ort und das Versprechen, welches hier gegeben werden soll , zu stärken und zu schützen. Dieses „JA" wird ein großes „JA", denn es soll gelten dem Ehebund, den Kindern, der Familiengemeinschaft, der Heimat und der Mutter Erde."

Die Schwester des Bräutigams streut als Symbol für die Schutzbitte einen Kreis aus Blumen rund um den Altar, erst dann geleitet der Brautvater seine Tochter an den Altar. Dort wird er vom Zeremonieleiter gefragt: „Bist Du bereit, Deine Tochter in die Obhut dieses Mannes zu geben, auf daß er an Deiner Statt für sie sorge, sie liebe und ehre und beide Dich durch ihre Nachkommen in die dritte Generation empfehlen?" Der Brautvater bejaht und übergibt die Braut dem Bräutigam, der sie zum ersten Mal an diesem Tage zu Gesicht bekommt. Jetzt stehen beide still vor dem Altar, die Zeremonie beginnt nach alter Sitte mit dem Aufruf der vier Elemente. Die Ehre, Boten und Überbringer der Elemente zu sein, gebührt den Eltern von Braut und Bräutigam, die wie die Elemente selbst Ursprung und Hort des Brautpaares sind.

Die Schwester führt jedes Elternteil einzeln an den Schutzkreis, wo der Zeremonieleiter die Elemente entgegennimmt: Ein Gefäß mit Räucherwerk für die Luft, eine brennende Fackel für das Feuer, ein Krug mit Wasser und eine Schale mit Erde aus der Heimat des Brautvaters. Jedes Element wird geweiht und um seinen Beistand angerufen und erhält dann seinen Platz auf dem Altar entsprechend der zugeordneten Farbe und Himmelsrichtung.

Wir rufen den Norden, die Erde, Symbol für den Urgrund, den Humus,
die Substanz des Lebens, für die Verwurzelung mit den Ahnen
und für die Fähigkeit, standhaft und stetig zu sein!
Der Vater der Braut möge die Erde seiner Heimat zu uns bringen!

"Flamme, leuchtende Flamme du,
lodere freudig auf im Nu,
leuchte der Sippe,
leuchte dem Paar,
leuchte der Treue rein und klar.
Schlage empor mit hellem Licht,
bis es aus allen Herzen bricht."

(L. Lechner)

„Als Symbol Eures Entschlusses sollen Eure Hände solange sichtbar gebunden sein, bis Ihr Eure Zusammengehörigkeit durch das Eheversprechen vor allen Zeugen besiegelt und die Ringe getauscht habt."

„Ist es dein Wille, mit dieser Frau vereint zu werden, ihr Freund, Partner und Geliebter zu sein in eurem Leben über alle Zeit, sie wertzuschätzen, sie zu ehren, zu ihr zu halten, wahrhaftig zu sein in deinem Bemühen, an ihrer Seite zu stehen?"

"Dieser Ring hier symbolisiert euer Eins-Sein,
euren ganz persönlichen Kreis des Lebens und der Liebe.
Mit diesen Ringen gebt ihr euch gegenseitig
den Pfand eures Eheversprechens."

Die Elemente begleiten den Weg des Hochzeitsbaumes
und bleiben so als Zeugen der Hochzeit präsent.

Baum pflanzen

Hochzeitsfestlied, gedichtet von Dietrich Gerwin, Marburg 1997, auf der Meldodie von „Gaudeamus igitur".

Freunde, laßt Gespräche ruhn,
hebt nun an zu singen;
dies ist Euer schönstes Tun:
die Seele aufzuschwingen.
Laßt die Erdenschwere sinken,
seht von fern die Freiheit winken,
schwebt zum Wolkenmeer empor!

Leuchtend stürzt die Sonnenflut
in des Wassers Wogen,
schleiernd unter Himmelsglut
ragt der Regenbogen.
Wenn im Lufthauch Falter wiegen,
wenn im Sturm die Schwäne fliegen,
prangt die schöne Wunderwelt.

Freunde ...

Haltet fest den Augenblick,
fest im Strom der Zeiten,
niemals gibt es ein Zurück
für Vergangenheiten.
Als ich einst in stiller Stunde
glücklich saß in Freundesrunde,
mocht' ich immer bleiben.

Elinhusen, Heimatort,
tief im Märchenlande,
Caldern, Rimberg, Drachenhort,
Sagenspur im Sande -
Elinhus: wo Elche wohnen,
Riesen unter Herrscherkronen
streiften durch die Auen.

Jeder kennt das schöne Wort
von der Lebensreise,
jeder spielt Begleitakkord
auf besond're Weise –
Sehnsucht nach dem Ungefähren
läßt uns dennoch wiederkehren –
weh tut Abschiednehmen.

... lasst Gespräche ruhn

Früher, als ich einsam ging,
fühlt' ich leer die Stunden,
erst durch einen kleinen Ring
hab' ich mich gefunden –
Liebe alle Dinge bindet,
Liebe blaue Blume findet,
Liebe hält zusammen.

Hebt das Glas und seid bereit,
singt die alten Lieder!
Trinkt auf eine Hohe Zeit,
daß sie kehre wieder!
Soll das Glück nur weiterspringen,
über alle Klippen schwingen –
Freunde, auf ein Wiedersehn!

Scheidung und Trennung

Das Thema Scheidung ist sehr traurig, und es fällt einigermaßen schwer, sich nach der vorangegangenen „Hymne" an die Hohe Zeit jetzt mit dem puren Gegenteil auseinanderzusetzen. Der Bedarf ist allerdings vorhanden, denn tatsächlich wird inzwischen fast jede zweite Ehe in Deutschland geschieden. Glücklicherweise müssen die Autoren in diesem Punkt nicht aus eigenem Erleben schreiben und sind der festen Absicht, diese Erfahrung auch nie selbst zu machen. Es geht um die Scheidung, die Trennung von dem ehemals geliebten Ehepartner. Wie kann das passieren? Wie kann das Band der Liebe, welches Mann und Frau so lange zusammengehalten hat, plötzlich abreißen? Tatsächlich passiert es meistens gar nicht so plötzlich: Wie wir bereits mehrfach festgestellt haben, ist eine große Liebe eine Lebensleistung, die über einen sehr langen Zeitraum erbracht wird. Je länger wir zusammen sind, um so mehr fühlen, denken und handeln wir gemeinsam. Man kann die Liebe mit einem wunderbaren Relief vergleichen, das von den Ehepartnern ganz langsam aus unzähligen kleinen Mosaiksteinchen aufgebaut wird. Natürlich gibt es immer wieder Rückschläge, d.h. einzelne Steinchen oder auch größere Stücke fallen heraus oder werden sogar von den Baumeistern selbst herausgeschlagen. Doch dem Sturm folgt die Ruhe, und die Liebe greift aufs Neue Raum so wie die Sonne durch die Wolken bricht. Und so überwiegt normalerweise nach kurzer Zeit wieder das Bedürfnis nach Harmonie und Innigkeit. Die gemeinsame Aufbauarbeit beginnt von neuem, die Liebenden setzen weiter Stein für Stein in ihr Lebensrelief. Sie flicken und bessern aus, sie verbreitern die Basis, und sie erreichen neue Höhen und verstärken ein weiteres Mal den Schutz gegen spätere Unwetter (je länger die Partner zusammen sind, desto weniger Ehen werden geschieden!). Und doch ist es möglich, daß sich trotz bester Absicht die Vorzeichen umkehren, daß schwere Stürme mehr Substanz rauben, als in den immer kürzeren Ruhepausen aufgebaut werden kann. Dies ist ebenfalls ein allmählicher Prozeß, denn keine Liebe kann in einem Tag enden.

Aber es gibt Dinge, die an beider Nerven zehren - von späten „Entdeckungen" im Charakter des anderen, über unterschiedliche persönliche Entwicklungen, bis hin zu „objektiven" Störgrößen wie etwa ein Dauerzwist im erweiterten Familiengefüge oder ungewollte Kinderlosigkeit. Wenn irgendwann die Diskussionen immer um dasselbe kreisen, wenn der Streit sich trotz vieler Vermittlungsversuche von Freuden oder Trauzeugen immer an demselben Thema entzündet, wenn man sich vielleicht auch gar nichts mehr zu sagen hat, wenn also irgendwann erkennbar wird, daß die Hindernisse unüberwindbar und das Ende unaufhaltsam sind, dann macht sich mehr und mehr der Gedanke der Trennung breit. Erst bei dem einen, dann bei dem anderen, schließlich offen ausgesprochen, wächst sich der Scheidungswunsch evtl. sogar allmählich zu der Hoffung aus, die verbleibende Energie in ein neues Familienbauwerk speisen zu können. Eine solche Erkenntnis reift selten nur in einem der Partner, denn allein das Wissen um die verlorene Liebe wird den anderen - nach Phasen von Wut und Trauer - zu der gleichen Einsicht bringen. Idealerweise einigt man sich also kraft des Verstandes, sich nicht zu weiteren aufreibenden Untergangsgefechten hinreißen zu lassen, sondern einen Schlußstrich zu ziehen, man scheidet voneinander.

Es folgt eine unruhige Zeit der Verwirrung, Abgründe tun sich auf. Manches Loch wird mit Aktionismus übertüncht, viele organisatorische Dinge sind zu regeln, aber in stillen Stunden machen sich doch wieder Unsicherheit und Selbstzweifel breit. Viele Scheidungspartner verfallen nach einer Weile in eine auffällige Lethargie. Sie warten passiv ab, was als nächstes passiert, unfähig, selbst wieder Initiative zu ergreifen. Die unbewältigte Situation lähmt ihren Elan und ihre Schaffenskraft. Der Grund ist meistens, daß sie nicht abgeschlossen haben, daß sie sich nicht völlig klar geworden sind über die Konsequenzen eines Neuanfangs. Übergangsphasen sind erforderlich, um Abstand zu gewinnen, sich zu orientieren, einen neuen Rhythmus zu finden. Aber die Phasen des Übergangs müssen auch ein definiertes - und damit ritualisiertes - Ende haben, um nicht in völliger Desorientierung zu münden. Der rituelle Schlußstrich schafft Klarheit und Platz für das Neue. Rituale dienen also nicht nur der Aufwertung von Feierlichkeiten, sondern auch der Meisterung kritischer Lebensabschnitte. Und die Trennung von einem einst geliebten Menschen ist sicher eine der schwierigsten Situationen überhaupt, deren Ritualisierung eine schwere, aber unumgängliche Aufgabe ist. Bevor es allerdings soweit kommt, sollte man es vielleicht mit einem Heilungsritual versuchen.

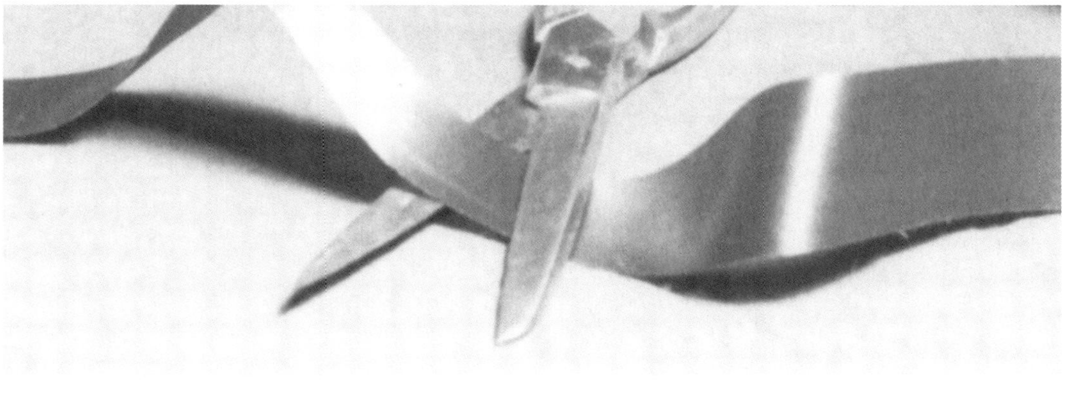

Heilungsritual für Ehen

Ehepaare in festgefahrenen Situationen sollten eventuell neue Wege suchen, um ihre Probleme zu beseitigen. So manche Beziehung erhält Auftrieb durch Heilungs- oder auch „Deeskalierungs"-Rituale. Ziel der Rituale ist, zunächst einmal die nötige Ruhe zu finden, um einem Problem auf den Grund zu gehen, und außerdem jenseits der rein intellektuellen Diskussion auch die tieferen, körpernäheren Schichten unseres Bewußtseins in die Heilung einzubeziehen. Die wichtigste Voraussetzung für ein erfolgreiches Ritual ist der gute Wille auf beiden Seiten, das ehrliche Streben nach einer gemeinsamen Lösung. Am besten leitet ein Vertrauter des Paares, zum Beispiel der Trauzeuge, das Ritual. Allein die Anwesenheit einer dritten Person (z. B. Trauzeuge) sorgt normalerweise für angenehme Ruhe und Beherrschtheit zwischen den Zerstrittenen. Und wenn es nur dem gemeinsamen Freund zuliebe ist, zunächst einmal wird eine sachliche, später dann feierliche, positive Atmosphäre geschaffen. Vor allem fungiert der Zeremonieleiter automatisch als Autoritätsperson und erlaubt jedem der Partner, sich dem Heilungsritual ohne Gesichtsverlust vor dem anderen unterzuordnen.

Der Raum muß für die Dauer der Zeremonie absolut störungsfrei (Kinder, Telefon usw.) sein. Alle drei setzen sich mit dem nötigen Ernst an einen Tisch, die beiden Ehepartner gegenüber, der Freund vor Kopf. Nach einem Moment der Besinnung baut er auf dem Tisch verschiedene Kerzen auf, deren Bedeutung er ruhig und bestimmt erläutert, z. B. verschiedene Farben für die unterschiedlichen Eigenschaften der Partner oder verschiedene Größen für die Art der Probleme. Jeder der beiden Eheleute hat schließlich sein Kerzenarrangement vor sich. Dann werden die Kerzen entzündet, das Ritual ist eröffnet. Es folgt ein Wechselspiel aus Fragen, Ansagen und Aktionen, in dessen Verlauf das Problem eingegrenzt, eine gute Grundstimmung zur Lösung geschaffen und schließlich konkrete Abmachungen getroffen werden, die aber keinesfalls einseitig ausfallen sollten. Nach jedem einzelnen Dialog verschiebt der Zeremonieleiter die entsprechenden Kerzen ein Stückchen zur Tischmitte, so daß am Ende des Rituals alle Kerzen beider Partner in der Mitte des Tisches wie ein Kerzenmeer leuchten. Dieses Ritual erfordert intime Kenntnisse über die Situation der Betroffenen und eine gewissenhafte Vorbereitung durch den Freund - durchaus in enger Absprache mit den Eheleuten, möglichst aber mit beiden getrennt. Vor allem sollte ein guter Schlußsatz und eine gelungene Aktion zum Beenden des Rituals gefunden werden.

Anregung: Einige unverbindliche Beispiele aus dem Verlauf der Zeremonie, die in erkennbare Phasen unterteilt sein sollte, z. B. Beruhigung, Auflösung von Spannungen, positive Grundstimmung schaffen, Problem differenzieren, Lösungsansätze entwickeln, gute Vorsätze formulieren, Hoffnungen ausdrücken usw.

„Bitte erinnere Dich an eine besonders schöne Situation, die Du zusammen mit Deinem Mann / Deiner Frau erlebt hast, und beschreibe uns diese in kurzen Worten" ... „Ich rücke die rote Kerze als Symbol Deiner Liebe zu Deinem Mann / Deiner Frau in Richtung der Mitte."

„Was macht Ihr beiden besonders gerne zusammen" ... „Ich rücke die grüne Herze zur Mitte als Symbol Eurer Gemeinsamkeit".

„Warst Du Deinem Mann / Deiner Frau bisher treu und willst Du es auch bleiben? - Ja - „Ich rücke Deine blaue Kerze zur Mitte als Zeichen Deiner Treue".

„Schildere uns eine schöne Vorstellung in Eurer gemeinsamen Zukunft. Schließe die Augen und versuche, Dir alles ganz genau vorzustellen: Wo bist Du gerade? Wer ist bei Dir? Was tut Ihr? - ... - „Ich rücke Deine goldgelbe Kerze zur Mitte als Zeichen Deiner Phantasie für Eure Zukunft".

„Was möchtest Du an Deinem Mann / Deiner Frau gerne ändern?" ... Frage an das Gegenüber: „Bist Du bereit, diesen Wunsch zu beherzigen?" - „Ja" - „Ich rücke Deine grüne Kerze zur Mitte, als Symbol Deiner Einsicht und Deines guten Vorsatzes".

„Und Du, ..., willst Du diesen Weg begleiten und unterstützen mit der gebotenen Milde und Geduld?" - „Ja" - „Ich rücke auch Deine grüne Kerze zur Mitte als Zeichen Deiner Hoffnung und Deines guten Vorsatzes".

Wenn dann alle Kerzen in der Mitte stehen, pusten alle drei zusammen die Kerzen aus und gehen danach z. B. gemeinsam etwas Schönes essen. Dabei wird nicht mehr über die Zeremonie gesprochen, sondern man läßt sie wirken. Am nächsten Tag oder bei nächster Gelegenheit können sich die Ehepartner gegenseitig daran erinnern, sich hier eine neue Basis geschaffen zu haben. Diese kann in späteren Streitigkeiten vielleicht auch als „Code" dienen, innezuhalten und sich der guten Absicht zu erinnern. Evtl. sollte man auch ein entsprechendes Schlüsselwort („Kerze") vereinbaren, mit dem beide Partner die sofortige Besinnung auf eine faire und ruhige Gangart einfordern können, ähnlich dem „Spielstopp" der Kinder.

Ritual zur Entscheidungsfindung

Ursulas Sohn ist längst aus dem Haus, ihr Mann kommt von Dienstreisen nur übers Wochenende vorbei, man hat sich auseinandergelebt. Bevor eine endgültige Trennung eingeleitet werden soll, möchte Ursula in einem Ritual mehr Klarheit über sich selbst gewinnen. Sie bittet drei Freundinnen, sie dabei zu begleiten.

Am Seeufer unter einer kräftigen jungen Eiche - dies ist Ursulas Lieblingsplatz - schmücken die Freundinnen einen kleinen Kreis aus herzblättrigen Efeuranken. Ursula nimmt dort eine bequeme Sitzhaltung ein, die Freundinnen bereiten eine Räucherung aus reinigendem Salbei und fächeln ihr zu. Es naht die Zeit des Sonnenuntergangs. Die Freundinnen bleiben ruhig im Hintergrund. Nachdem sie eine Zeit lang still verweilt hat, betrachtet Ursula mit dem Blick gen Westen, der Richtung des Herbstes und der Ernte, die Früchte Ihres Ehelebens. Gutes und weniger Gutes vertraut sie der untergehenden Sonne an, löst sich davon, läßt es mit der Sonne sinken. Mit einem Seufzer dreht sie sich um, läßt los, wendet sich nach Osten. Die ruhige Wasserfläche des Sees mag ihre aufgewühlte Seele besänftigen.

Die Freundinnen summen leise vor sich hin, das löst die Spannungen, in allen. Über den Bergen wächst ein heller Schimmer, aber eine mächtige Wolkenbank verzögert jetzt den Aufgang des Vollmonds. Ursula muß ihre Vision entwickeln. Wie fühlt sie sich jetzt, und was sind ihre Absichten? Was traut sie sich zu und was möchte sie aus der gewonnenen Freiheit machen? Herrlich steigt die Mondin jetzt über lichte Wolkensäume und übersprüht den See mit goldenem Glanz.

Alle folgen eine Weile dem schönen Schauspiel und bewerten es als glückliches Zeichen. Ermutigt wagt Ursula, über einige ihrer Vorhaben zu sprechen. Im Angesicht ihrer aufmerksam zuhörenden Freundinnen wird ihr selbst manche Ungereimtheit deutlicher. In der von Wellen schillernd bewegten Mondbahn auf dem See sieht Ursula ihren noch wechselvollen Weg schon vor sich, aber sie will ihn gehen und fühlt sich stark dazu.

Auch jetzt - nach längerer Zeit - bestätigt Ursula, wie sehr ihr das Ritual zur Klärung verholfen hat. Seit dem folgt sie ihrer Vision, und ab und zu besucht sie ihren ganz persönlichen Kraftplatz, was ihr immer wieder gut tut.

Ein Scheidungsritual

Wenn die Scheidung formal vollzogen ist, bedeutet dies noch lange nicht, daß beide Partner dies erfolgreich verarbeitet haben. Im Gegenteil, oft entstehen neue Probleme aus Unsicherheit und Verdrängung. Bei einem Scheidungsritual geht es nicht darum, den Lebensabschnitt völlig hinter sich zu bringen, sondern es geht darum, einsichtig zu werden, eine Bilanz zu ziehen, das Erlebte zu einer festen Stufe für den Start zu neuen Ufern statt zu einem Stolperstein zu machen. Niemand hatte die Absicht, sich das Leben schwerer zu machen, als man sich entschloß, zu heiraten. Ganz sicher denkt und fühlt der alte Partner ähnlich, und diese verbliebene Gemeinsamkeit sollte die Grundlage für eine saubere, ritualisierte Löslosung sein. Danach ist nicht alles gut, aber klar.

Die geschiedenen Eheleute haben sich mit den beiden Trauzeugen versammelt. Alle sitzen in einem kleinen ruhigen Raum mit zwei Türen an einem runden Tisch, auf dem einige Kerzen brennen.

Vorher sanfte Musik und anschließend Meditation, bis schließlich einer der Trauzeugen in die vollkommene Stille hinein langsam und mit deutlichen langen Pausen sagt:

„Einen langen Weg seid Ihr gemeinsam gegangen - nun habt Ihr Euch entzweit. Ein jeder hat sein Bestes gegeben, aber es hat nicht sollen sein.

Und doch hat jeder ein Stück von sich dem anderen gegeben, unauslöschlich, unwiederbringlich. Und jeder hat ein Stück vom anderen an sich genommen, unauslöschlich, unwiederbringlich. Egal was war und was kommen wird, Ihr tragt in Euch einen Teil vom anderen.

Darum nehmt als Symbol dafür den Ring des anderen und denkt daran: Er ist ein Teil von Euch, und er wird es immer bleiben. So haltet ihn in Ehren, denn er ist ein Teil von Euch selbst."

Die Eheleute ziehen Ihre Ringe aus und geben sie den Trauzeugen. Diese geben sie in kleine Schmuckdöschen mit Kette und dann dem anderen Partner. Alle erheben sich, die Ehepartner halten ihr Kästchen mit beiden Händen fest umschlossen. Der andere Trauzeuge weiter:

„Das was war, ist Vergangenheit und nicht zu ändern. Das was sein wird, ist die Zukunft, Ihr habt sie jetzt in der Hand. So nehmt Euch in die Arme und dankt Euch für die gemeinsame Zeit, die Euch mit zu dem hat werden lassen, was Ihr heute seid."

„Geht hin ohne Groll, und erinnert Euch der guten Tage."

Dann führt jeder Trauzeuge einen der ehemaligen Ehepartner in eine andere Richtung zu einem anderen Ausgang hinaus. Draußen ist dafür gesorgt, daß (vorerst) keine Begegnung mehr stattfindet. Jeder der ehemaligen Ehepartner wird von einigen Vertrauten (Freunden, Familie) erwartet und begleitet, idealerweise auf einen langen Spaziergang, eine Reise o.ä.

Danksagung

Dieses Buch wäre nicht entstanden ohne die Vorarbeit vieler Menschen, die Ihre Gedanken zum Thema beitrugen - in ihren Schriften, durch ihre Arbeit, durch ihre Fotos, aber auch in der Diskussion oder einfach durch gutes Vorbild.

Besonderer Dank gilt den Hochzeitspaaren, die den Mut hatten, ihre persönlichen Fotos und Aufzeichnungen für eine Veröffentlichung zur Verfügung zu stellen. An dieser Stelle Dank auch an Helge Folkerts und Voenix für ihre Unterstützung in Wort und Bild.

Bei allen Nichtgenannten und Nichtbedachten möchten wir uns vorsorglich entschuldigen. Genauso für den eventuell „laxen" Umgang mit weiteren Quellen, aber eine kühle wissenschaftliche Zitierweise würde dem Charakter des Werkes zuwider laufen.

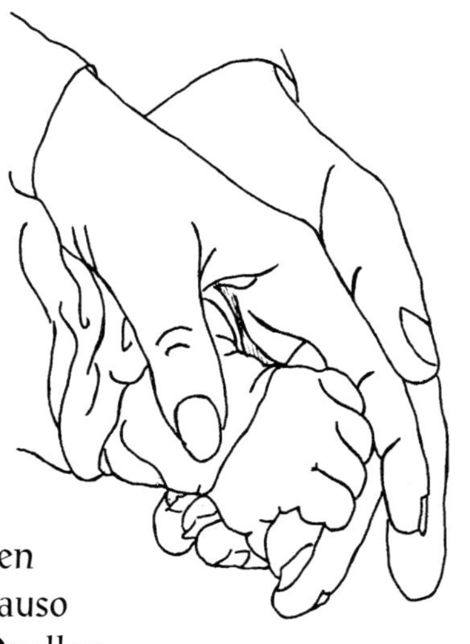

Zur Vertiefung ...

- Asatru: weitere Informationen bei www.eldaring.de und www.odinic-rite.de
- Sonnenkind und GardenStone (S. 57): www.boudicca.de
- Regenbogenhochzeit (S. 84): Petra Lehnen und Helmut Christof (eines der abgebildeten Hochzeitspaare) sind schamanische und tantrische Lehrer und geben in ihren Kursen altes Einweihungswissen über die Verbindung mit GAIA, dem Geist der Erde, weiter. Die beiden leiten auch Hochzeitszeremonien. Kontakt: Unterwasser 52, 77883 Ottenhöfen, Tel.: 07842-600245, Fax: 07842-600238, sunwalker@gaia-net.de, www.gaia-net.de
- Ein professioneller Zeremonienleiter ist der ehemals christliche Pfarrer Jochen Jülicher, der heute konfessionell ungebundene Feierlichkeiten betreut. Kontakt: Eislebenstr. 3, 53125 Bonn, Tel.: 0228-265726, Fax: 0228-265728, E-mail: jochen.juelicher@die-feier.de, www.die-feier.de
- www.arun-verlag.de: die Homepage des Verlages.
- ... oder einfach mal wild *drauflosgoogeln.*

www.links

Eine Übersicht über konventionelle und kommerzielle Anbieter im Internet, ohne Anspruch auf Vollzähligkeit und ohne jeden Bezug zum Buch. Die Autoren übernehmen keinerlei Haftung und Verantwortung für den Inhalt dieser Internetseiten.

Beschreibung	www-Adresse
Vorbereitungstips rund um die Hochzeit.	www.abc-der-hochzeit.de
An alles gedacht ist auf dieser Seite. Mit Fragen und klaren Antworten, Besichtigung von Brautkleidern und Anzügen, Klärung der Formalitäten und Tips für eine gelungene Party.	www.alafoli.de
Allgemeiner Überblick der Hochzeitsvorbereitungen, Formalitäten, Organisation, Brautkleider und Geschenkewunschliste.	www.braut.de
Tips zur Planung für die Hochzeitsreise, Tips für die Geschenkewunschliste oder die Gästeliste.	www.confetti.co.uk
Im kleineren Rahmen wird hier auf die Hochzeit im allgemeinen hingewiesen. Verlobung, Tips, das Eherecht, aber auch auf Hochzeitsmessen wird aufmerksam gemacht.	www.hochzeit.at
Sehr umfangreich wird beschrieben, wie die Vorbereitungen laufen sollten. Mit PC-Planung, Auswahl des richtigen Restaurants, Auflistung verschiedener Firmen für Brautmode, Planung der Reise, Fotografen, u.v.m.	www.hochzeit.de
Ähnlich www.hochzeit.de	www.hochzeit.ch
Anregungen für die Gestaltung des Hochzeitstisches, samt Liste für eventuelle Geschenkwünsche.	www.hochzeitstisch.de
Allgemeines österreichisches Hochzeitsportal mit Tips zur Organisation und zum Einkauf inkl. „Hochzeitsplaner" zum Ausfüllen oder Ausdrucken.	www.traumhochzeit.at
Hier finden Sie freie Theologen sowie Tips zu Planung, Flitterwochen, Musik, Location, Geschenke, Blumen, Fotos und Finanzen	www.hochzeitslinks.de
Wer weitere Alternativen zur Hochzeitszeremonie sucht, wird hier fündig werden!	www.hexenhochzeit.de www.frija.de

Ulla Janascheck & Morag MacAuley

Kessel Ofen Feuer

Köstliche Rezepte zum Feiern
der Jahreskreisfeste
128 S., vierfarbig illustriert,
A4, Broschur
ISBN 978-3-935581-77-6
19,95 Euro / 35,00 sFr

Björn Ulbrich & Holger Gerwin

Die geweihten Nächte

Rituale der stillen Zeit
Ein Ratgeber für Weihnachten
128 S., vierfarbig illustriert,
A4, Broschur
ISBN 978-3-935581-89-9
19,95 Euro / 35,00 sFr

Helge Folkerts

Frauenkreise

Feste, Feiern, Rituale
um die heilige Mitte
128 S., vierfarbig illustriert,
A4, Broschur
ISBN 978-3-935581-66-0
19,95 Euro / 35,00 sFr

Romana & Björn Ulbrich

Dein Name sei ...

Rituale und Zeremonien
zu Geburt und Namensgebung
128 S., vierfarbig illustriert,
A4, Broschur
ISBN 978-3-935581-14-1
19,95 Euro / 35,00 sFr

www.arun-verlag.de